Mario Ohoven

Die Magie des Power-Selling

Mario Ohoven

Die Magie des Power-Selling

Die Erfolgsstrategie
für perfektes Verkaufen

10. Auflage

verlag
moderne industrie

Die Deutsche Bibliothek – CIP-Einheitsaufnahme

Ohoven, Mario:
Die Magie des Power-Selling : die Erfolgsstrategie für perfektes Verkaufen /
Mario Ohoven. 10. Auflage - Landsberg/Lech : Verl. Moderne Industrie, 1995
ISBN 3–478–21970-1

10. Auflage 1995
9. Auflage 1994
8. Auflage 1993
7. Auflage 1993
6. Auflage 1992
5. Auflage 1992
4. Auflage 1992
3. Auflage 1992
2. Auflage 1992

Umschlaggestaltung: Christel Aumann, 89284 Niederhausen
Satz: abc Fotosatz GmbH, 86807 Buchloe
Druck- und Bindearbeiten: Pustet, 93051 Regensburg
Printed in Germany 210 970/10953
ISBN 3-478-21970-1

Widmung

Dieses Buch widme ich meinen Kindern, Michael und Chiara, da ich durch mein berufliches Engagement zu wenig Zeit für sie habe.

Inhalt

Vorwort

Lieber Leser,

dieses Buch zeigt Ihnen, wie Sie die Magie des Power-Selling entdecken können und weist Ihnen einen Weg, privat und geschäftlich alle Ziele und Wünsche zu verwirklichen, von denen Sie immer geträumt haben.

Es zeigt Ihnen den Weg zu Glück und Erfolg, zu Ansehen und Reichtum. Und es wird Sie überzeugen, daß Sie es allein in der Hand haben, diese Ziele zu erreichen!

Wer ist ein Power-Seller? Ist das jener junge, agile, im Sonnenstudio gebräunte und blondgelockte Verkäufertyp mit dem Goldkettchen ums Handgelenk, dem offenen Hemd, das die Haare auf der Brust sehen läßt, und den teuren italienischen Designer-Schuhen?

Der seine Nobel-Karosse so geparkt hat, daß sie allen im Wege steht, weswegen niemand umhinkommt, das teure Gefährt ehrfürchtig zu bewundern?

Der vor den Kunden eine Unmenge von Heißluft und Hochdruck erzeugt, sie geschickt beschwatzt, willenlos macht, mit dem Auftrag so schnell wie möglich verschwindet? Der allabendlich seine Verkaufserfolge mit Strömen von Champagner und lustigen Mädels in den Discos feiert?

Sie ahnen schon: Nichts von alledem werden Sie in diesem Buch antreffen. Unser Freund würde – selbst wenn er mit seinem Aussehen und Auftreten Verkaufserfolge feiern könnte, was bezweifelt werden mag – nie den Weg in die elitäre, exklusive Gilde der Power-Seller finden.

Denn die Magie des Power-Selling wird nicht von Scharlatanen ausgeübt, sondern von **gestandenen, innerlich gefestigten Persönlichkeiten.** Sie besitzen eine ganz präzise, positive geistige Einstellung zu sich selbst, zu ihren Kunden und zu ihrem Geschäft.

Es gibt junge Power-Seller und alte. Manche sehen aus wie Oberbuchhalter, andere wie ein Arzt oder ein Metzgermeister. Kurzum:

Die magischen Kräfte des Power-Selling sind nicht an Äußerlichkeiten oder einen bestimmten Menschentyp gebunden. Sie können von jedermann erworben werden.

Und deshalb habe ich, von vielen Seiten gedrängt, dieses Buch geschrieben.

Ich möchte Ihnen, wenn Sie erst kurze Zeit in diesem herrlichen Beruf arbeiten, einen Weg zur Steigerung und Fortentwicklung Ihrer Talente zeigen, der Ihnen zu Ansehen, Wohlstand und innerer Zufriedenheit verhilft!

Ich möchte Sie darin bestärken, unermüdlich an der Vervollkommnung Ihrer Persönlichkeit zu arbeiten. Um so schneller erreichen Sie das Ziel: Werden Sie ein Power-Seller!

Und ich wende mich auch an alle jene Verkäufer mit längerer Berufspraxis, die seit einiger Zeit insgeheim unzufrieden sind, die das Gefühl haben, sie träten auf der Stelle und kämen nicht so recht voran. Alle jene, die möglicherweise in einen Routine-Schlaf gefallen sind, ohne es zu merken.

Sie möchte ich aufs neue begeistern. Ich möchte sie aufwecken, aus ihrer Lethargie reißen und ihnen den Weg zu einem erfüllteren Berufsleben voller Erfolg weisen: Macht euch auf, arbeitet wieder mit Überzeugung und Begeisterung! Werdet zu Power-Sellern!

Power bedeutet Kraft. Der Power-Seller ist ein Verkäufer, der eine unerschütterliche innere Kraft besitzt, die er auf den Kunden überträgt. Diese Kraft heißt Wille und Lebensfreude.

Aus ihr schöpft der Power-Seller jenes Extra-Quantum an Eigenschaften, die ihn über den guten Verkäufer erheben, die bewirken, daß er von Erfolgen zu noch größeren Erfolgen schreitet, an die Spitze seiner Profession gelangt.

Daß der Power-Seller nebenbei eine ganz spezifische Vorgehensweise und auch ein paar spezielle Kunstgriffe auf Lager hat, versteht sich von selbst. Schließlich ist er ein Verkäufer.

Und zwar der allerbeste in seinem Metier!

Düsseldorf, im Oktober 1995 Mario Ohoven

Kapitel 1

Verkaufen – der herrlichste Beruf der Welt!

Meinen ersten Tag als Verkäufer in der Finanzdienstleistungsbranche werde ich nie vergessen: Ich machte drei Kundenbesuche – und kehrte stolz mit drei Abschlüssen zurück, die immerhin einen Wert von 700 000 Mark repräsentierten!

Allerdings werde ich auch nicht die weniger rühmlichen Umstände vergessen, die mich zu diesem Erfolg trieben: Mein Chef hatte mich kräftig in den Allerwertesten treten müssen, damit ich mich aufraffte und ein richtiger Verkäufer wurde!

Damit Sie das besser verstehen, muß ich kurz ausholen: Ich stamme aus einer alten Unternehmerfamilie in Neuß. Mein Vater wollte eigentlich Opernsänger werden. Er hatte einen herrlichen Tenor und feierte in ganz Italien beträchtliche Erfolge. Aber am Ende leitete er doch die Papierfabrik seiner Familie, die 1810 gegründet worden war.

Meine Zukunft und Karriere im elterlichen Betrieb waren gesichert und vorprogrammiert. Bis an mein Lebensende hätte ich von Beruf „Sohn" sein können.

Doch eine solche Perspektive erschien mir zu dürftig. „Du gehst deinen eigenen Weg", sagte ich mir. Nach meiner Ausbildung standen mir bei einer großen Bank viele Türen offen. Ich aber beschloß, mich statt dessen in einer Branche zu betätigen, von der ich fasziniert war: die Branche der steuergünstigen Kapitalanlagen.

In keinem anderen Wirtschaftszweig, so sah ich es damals, gab es so viele Pioniere, so viele Visionäre. Leute , die aus dem Nichts auftauchten (leider auch manchmal später wieder im Nichts verschwanden), die große Dinge bewegten, viele Arbeitsplätze schufen, nützliche Projekte realisierten. Allerdings: Von den Produkten und wie sie verkauft wurden, hatte ich relativ wenig Ahnung.

So begann ich 1972 bei einer Unternehmensgruppe, die unter anderem Kurkliniken projektierte und realisierte. Mein Titel hörte sich gut an: Mitglied der Geschäftsleitung. Daß die Position mit harter Arbeit verbunden war, machte mir mein Chef sehr schnell klar:

Der kam gleich zu mir, drückte mir 250 Leads, uralte Adressen, in die Hand und sprach mit Nachdruck: „Ich lasse Sie doch nicht den Außendienst führen, wenn Sie in dieser Branche noch nicht verkauft haben! Machen Sie was daraus!“

Worauf ich heftig protestierte und sinngemäß erklärte, daß ich mich mit meiner Vorbildung durchaus nicht als Verkäufer fühlte. Mein Chef blieb bemerkenswert ruhig und teilte mir lediglich nachdrücklich mit: „Wer Bergrennen gewinnen will, muß den Berg kennenlernen!“, drehte sich um und verließ das Büro.

Das war auch besser so, denn ich war drauf und dran, die Beherrschung zu verlieren! Ich war doch nicht als Verkäufer eingestellt – denn meine Aufgabe sollte die Leitung des Vertriebes sein.

Nach ein paar Stunden hatte ich mich abgekühlt, setzte mich hin und bemühte mich drei Tage lang anhand der Adressen um Besuchstermine zwischen Hamburg und München. Die ersten drei ergaben sich in der Wuppertaler Region.

Das finanzielle Ergebnis habe ich bereits erwähnt. Ich traf zuerst auf einen Arzt und stellte fest: Die entscheidende Person war seine Frau. Sofort involvierte ich sie ins Gespräch, konnte dann problemlos mein Produkt verkaufen, denn sie war überzeugt.

Anschließend besuchte ich einen Fabrikanten in Wuppertal, der beiläufig bemerkte, daß sein Bruder zur Hälfte am Unternehmen beteiligt ist. Auch ihn zog ich sofort zum Gespräch hinzu, auch ihn konnte ich als Kunden gewinnen.

Bei dem Fabrikanten, so denke ich im nachhinein, gaben meine Umgangsformen den Ausschlag: Von meiner Banktätigkeit war ich den Umgang mit Unternehmern gewohnt. Beim Arzt war es die Frau, die ich überzeugte. Aus heutiger Sicht war ich als Verkäufer gerade in dieser Branche noch ziemlich unbedarft – aber ich tat einfach instinktiv das Richtige.

Vor allen Dingen hatte ich von Anfang an das getan, was auch heute noch jeder gute Verkäufer beherzigen sollte: Ich hatte planmäßig und systematisch für die kommenden Wochen Termine vereinbart. Ohne Termine keine Abschlüsse – diese simple Wahrheit hatte ich schnell eingesehen.

Meine ersten Termine resultierten aus angeblichen „Karteileichen", die vorher kein anderer Verkäufer angefaßt hatte. Fazit: Ich bemühte mich gerade bei diesen alten Adressen, ein überzeugendes Telefongespräch für eine Terminvereinbarung zu führen, was mir auch gelang.

Damals habe ich instinktiv vieles richtig gemacht, was ich später erst auf Seminaren erfahren habe. Ich bin mit großer Überzeugung und Begeisterung an die Arbeit gegangen, und ich konnte bei den Kunden durch inszeniertes Auftreten Vertrauen erwecken. Ich ließ Kompetenz und Fingerspitzengefühl einfließen – ich konnte verkaufen, und es brachte große Freude!

Erfolg hat bekanntlich auch Neider: Diese glaubten, meine Abschlüsse wären von mir manipuliert gewesen und ich hätte sicherlich meine Beziehungen spielen lassen.

Um diese Gerüchte zu widerlegen, entschloß ich mich, als Rheinländer in Bayern zu verkaufen. Das war eine echte Herausforderung – und am Ende waren meine Aufträge noch viel größer!

Diese Erfolge überzeugten meinen Chef, und ich trat meine vorgesehene Position an, um den Außendienst als Vertriebschef zu führen. Später wurde ich Geschäftsführer in einem der größten Unternehmen der Branche und gründete Jahre später die Investor und Treuhand, mein eigenes Unternehmen.

In 20 Jahren Berufserfahrung habe ich Tausende von Verkäufern im Auf und Ab erlebt, habe rekrutiert, ausgebildet, betreut und verkauft – Umsätze in Milliardenhöhe erzielt.

Die Erfahrungen daraus habe ich in diesem Buch gebündelt, um Sie davon profitieren zu lassen!

In all den Jahren also reifte meine Überzeugung, die mich seitdem nie verlassen hat und die ich hier übermitteln möchte.

Verkaufen ist der interessanteste und einer der einträglichsten Berufe in der Wirtschaft!

Den eigentlichen Anstoß zu diesem Buch, das eine kräftige Brise Begeisterung in den Verkauf bringen soll, erhielt ich dagegen eher durch ein negatives Ereignis, das sich vor vielen Jahren in meinem eigenen Unternehmen ereignet hat.

Einer meiner Vermögensberater brachte innerhalb von sechs Tagen Aufträge in Höhe von über vier Millionen Mark ins Haus. Seine Freude war natürlich riesengroß, und alle Mitarbeiter waren überzeugt, der Geburt eines neuen Verkaufs-Superstars beizuwohnen.

Kurz darauf platzte der Traum wie eine Seifenblase: Binnen weniger Tage stornierten die meisten Kunden ihre Aufträge wieder!

Sofort setzten wir uns mit diesem Verkäufer zusammen und analysierten das Geschehen. Dabei kam heraus: Dieser Verkäufer war vor allem ein hervorragender Kenner des deutschen Steuerrechtes. Niemand konnte ihm ein X für ein U vormachen!

Unser Verkäufer, so stellte sich nun heraus, hatte den Kunden Argument um Argument auf den Tisch gehäuft, wie vorteilhaft doch dieses Geschäft für sie wäre. Ein Argument war unwiderlegbarer und schwerwiegender als das andere – der Tisch bog sich förmlich unter dieser Last.

Früher oder später waren die Kunden von diesem „Fachchinesisch" förmlich erdrückt. Von der Ratio schien dieser Verkäufer stets recht zu haben. Was blieb den Kunden weiter übrig, als endlich zuzustimmen?

Also ein typischer Produktverkäufer, der nur sein Fachwissen vermitteln konnte. Sie wissen: Es gibt Verkäufer, die ihre eigene Person, also Sympathie und Begeisterung, einsetzen, solche, die ihre exzellente Produktkenntnis einsetzen, und nur wenige, die beides beherrschen.

Wir mußten erkennen, daß dieser Verkäufer die Kunden mit „Fachchinesisch" erdrückte. Aber: Er konnte nicht erfolgreich verkaufen! Denn erfolgreich Verkaufen heißt immer noch:

Begeistern und überzeugen!

In unserem Fall hatten die Kunden die Argumente erfaßt und begriffen. Aber dem Verkäufer war es beim ersten Termin nicht gelungen, die „Vertrauensbrücke" oder die „Sympathiebrücke" zum Kunden zu schlagen. Auch hatte er vergessen, den Bedarf aufzuzeigen und die Kauflust zu wecken.

Ich meine, daß ein Verkäufer stets diese drei Abschnitte beherrschen muß:

1. Schritt: **Gefühl**
   Hier gewinnt er Sympathie, Wohlwollen und Vetrauen des Kunden durch Kompetenz.

2. Schritt: **Verstand**
   Hier folgt ein reines Fachgespräch mit Zahlen, Daten, Fakten.

3. Schritt: **Gefühl**
   Hier in der Abschlußphase wird erneut das Gefühl angesprochen, werden unter anderem Kaufwünsche geweckt.

Der erwähnte Berater hatte in seinem Verkaufsgespräch also die „Goldenen Regeln" nicht beherzigt und statt dessen in seinem Fachchinesisch so gut und viel erklärt, daß die Kunden nicht mehr wagten, Fragen zu stellen, etwa: „Wie geht denn das eigentlich?"

In den Tagen bis zum anberaumten Notartermin begannen sie, die Angelegenheit immer mehr zu bedenken. Am Ende konnten sie das ganze Angebot nicht mehr nachvollziehen und ließen schließlich die Finger davon.

Begeisterung hilft nicht nur verkaufen, sondern auch dem Verkäufer!

Noch ein Wort zur Begeisterung: Verkäufer, die den Kunden mit ihrer Begeisterung anstecken können, haben großen Erfolg. Wenige denken darüber nach, woher diese Begeisterung kommen soll und – noch wichtiger – wie sie in langen Berufsjahren aufrecht erhalten wird.

Ich hoffe, daß dieses Buch einige Antworten darauf geben wird.

Ein hartes Wort an den Anfang: **Verkäufer, die heutzutage nicht in der Lage sind, sich selbst zu motivieren, sollten ehrlicherweise den Beruf wechseln!** Das will ich im einzelnen erklären:

Wie oft habe ich auf Produktpräsentationen Verkäufer erlebt, die ihr offensichtliches Desinteresse überaus deutlich zur Schau stellten. Sie stehen in Grüppchen zusammen, finden alle Aktivitäten überflüssig, beklagen die Unfähigkeit der Firmenleitung, wissen alles besser, lassen sich durch nichts beeindrucken.

Dieser erfolglose Verkäufertyp lebt mit seinem Anspruchsdenken sozusagen im ewigen Wartestand: Er wartet und wartet auf ein Produkt, das ihn begeistern soll.

Unglücklicherweise wird niemals ein Produkt seine Träume erfüllen. Also verlangt dieser Verkäufer am Ende vom Kunden, daß dieser ihn motivieren soll! Ebenfalls keine Alternative, die übermäßigen Erfolg verspricht...

Dann sollte er doch lieber Gerichtsvollzieher oder Steuerfahnder werden, denn diese Berufsgruppe wird durchaus von ihren „Kunden" motiviert!

Ein völlig anderer Verkäufertyp ist der, der „im Erfolg stirbt". Auch solche Verkäufer habe ich vor allem im Bereich der Vermögensberatung kennengelernt und will sie hier kurz skizzieren:

Es handelt sich hier um einen anfänglich durchaus begeisterten, fähigen Verkäufer, einen Senkrechtstarter sozusagen. Im ersten Jahr ist er agil, fleißig, rackert unermüdlich, besucht Seminare, ist mit Kollegen zusammen, nimmt an allen Motivations-Veranstaltungen und -Reisen teil, erhält eine Menge Feedback und schreibt sagenhaften Umsatz.

Nicht selten verdient er 300 000 Mark in der Finanzdienstleistungsbranche. Die Begeisterung ist groß und wächst und wächst. Nach drei Jahren hat er im Jahr vielleicht schon 700 000 Mark Einkommen erzielt.

Nunmehr herrscht bereits die Einstellung vor: Ohne mich läuft gar nichts mehr! Seine Selbsteinschätzung ist ins Unermeßliche gestiegen – der Start zum Höhenflug beginnt!

Die Kollegen von einst sieht er kaum noch, da er nur noch selten und ungern an Veranstaltungen teilnimmt und überhaupt dem Unternehmen nur noch sporadisch die Gnade seiner Aufmerksamkeit gewährt.

Im vierten oder fünften Erfolgsjahr ist er der liebe Gott persönlich. Den Firmen- oder Vertriebschef, der ihn einst auf den Weg nach oben brachte, hält er jetzt für weniger wichtig. Die menschlichen Beziehungen sind abgebröckelt, denn unser Verkäufer ist dem **Maslowschen Syndrom** erlegen:

Der Verkäufer weiß jetzt alles, hat jetzt alles. Was kann ihn noch motivieren, begeistern? Er begibt sich auf die vergebliche Suche nach dem „weißen Elefanten", dem großen, ihm angemessenen Super-Abschluß.

Was reizt ihn, der ganz oben schwebt, denn jetzt noch am Alltagsgeschäft, das (wie dumm!) mit harter Arbeit verbunden ist? Wie soll er sich dafür noch begeistern?

Der Verkäuferberuf, so hört man gelegentlich, sei ein fauler Beruf. Er ermögliche manchen Verkäufern, mit relativ geringem Arbeitsaufwand Summen einzustreichen, für die ein Industriemanager rund um die Uhr arbeiten muß, seine Familie vernachlässigt, die Gesundheit ruiniert.

Blicke ich in die Verkaufslandschaft, finde ich das oben erwähnte Faulheits-Vorurteil allzu oft bestätigt: Da gibt es talentierte Verkäufer, die einfach nicht zum Kunden kommen!

Sie wissen zwar verstandesmäßig sehr genau, daß die telefonische Terminvereinbarung die unabdingbare Vorstufe zum Erfolg ist – aber sie haben Angst oder keine Lust (=Faulheit), zum Telefon zu greifen, den Kunden anzurufen und sich eventuell eine Absage einzuhandeln!

Den „Caruso im Kleiderschrank“ nenne ich diesen mangelhaft begeisterten Verkäufertyp ohne Durchsetzungsvermögen. Und eine Vielzahl von Telefon-Marketing-Unternehmen, deren einziges Ziel darin besteht, Termine „zu legen“, lebt von diesem Verkäufertyp.

Die Philosophie dieser „Terminleger“ läßt sich durchaus rational begründen: Die Zeit des Verkäufers ist kostbar, er soll primär beim Kunden sein, also beraten, verkaufen. Somit übernimmt ein Dienstleistungsunternehmen die Aufgabe, Termine zu vereinbaren, die der Verkäufer dann nur noch abarbeitet.

Im übrigen: Telefonisches Terminieren ist viel leichter zu erlernen als Verkaufen. Man muß nur den „inneren Schweinehund“ überwinden wollen.

Nun gut. Mein Verdacht ist ganz einfach, daß hier die Kombination von faulen und ängstlichen oder völlig unbegeisterten Verkäufern die eigentliche Existenzgrundlage dieser Unternehmen ist.

Aber kehren wir zu unserem Star-Verkäufer zurück, der den „weißen Elefanten“ jagt: Er ist hoch gestiegen, kann aber nun auch tief fallen, wenn die Begeisterung nachläßt!

Inzwischen sind noch ein paar weitere Jahre vergangen. Die Jagd nach dem „weißen Elefanten“ war vergeblich, der Rest von Motivation und Begeisterung ist schon lange dahin.

Der Verkäufer erzielt kaum noch Umsätze, aber die in den vorausgegangenen Jahren immer anspruchsvollere Lebensführung verschlingt Unsummen...

Was ich beschrieben habe, ist Wirklichkeit: Der tiefe Fall endet häufig mit einem Knall. Ich kenne eine ganze Reihe von Verkäufern, die am Ende den Offenbarungseid ablegen mußten!

Sie haben ihr Geld, scheinbar leicht verdient, mit vollen Händen ausgegeben und mangels Begeisterung vergessen, weiter zu arbeiten und Geld einzunehmen.

Vergleichbares ereignet sich im Fußballgeschäft, wie wir aus den Zeitungen erfahren können: Ein Nobody spielt sich mit Begeisterung und Können nach oben. Die Millionen fließen.

Aber dann verkraftet der Spieler seinen schnellen Erfolg nicht. Erst ist die Begeisterung weg, dann bleiben die Fans aus. Denken Sie an Maradona, den argentinischen Super-Star!

Am Ende seiner Nicht-Motivation mußte ihn sein Verein quasi kidnappen und gewaltsam per Flugzeug zu einem wichtigen Spiel nach Moskau bringen. Der Star war absolut nicht mehr begeistert, mochte keinen Ball mehr berühren. Das Ende des Fußballers Maradona mit Frauengeschichten, Drogen und Alkohol ist bekannt.

Das alles verbirgt sich hinter dem oben angeführten Satz: Der alte Verkäufer stirbt im Erfolg, wenn er nicht mehr motiviert, nicht mehr begeistert ist. Wir sehen also, wie wichtig die Begeisterung gerade für diesen Beruf ist.

Ein fehlgeschlagenes Geschäft
ist kein Geschäft!

Nicht zustandegekommene Geschäfte sind keine Geschäfte! Dabei ist es unwesentlich, ob die Kunden bereits den Verkaufstermin verhindern, nach der Verkaufspräsentation nein sagen oder nachträglich stornieren.

Verkäuferische Tragödien dieser Art ereignen sich in allen Zweigen unserer Wirtschaft tagtäglich. Was für Verluste für alle Beteiligten häufen sich dort an!

Ein nicht zustandegekommenes Geschäft ist nicht nur ein Verlust für den Verkäufer und dessen Unternehmen, es ist auch ein Verlust für den Käufer! Der Verkäufer muß auf Umsatz und Provision verzichten, dem Kunden entgeht unter Umständen ein nützliches Produkt, das er gut brauchen könnte.

Wie viele Verkäufer könnten sich zur Ruhe setzen und bis ans Ende ihrer Tage ein unbeschwertes Leben führen – wenn sie Provisionen für nicht abgeschlossene Aufträge hätten kassieren können!

Wie viele brillante, unterhaltsame und spannende Produktpräsentationen haben die Kunden schon erlebt – und sich dann doch nicht zu einem Auftrag entschlossen!

Leider gilt im Verkauf ein eisernes Gesetz:

Ein Verkauf ohne Abschluß ist – kein Verkauf!

Daran ist nicht zu rütteln. Kein Verkauf bedeutet: Zeit und Geld vertan! Und möglicherweise dem Mitbewerber in die Hände gearbeitet zu haben: Der geht hin und bekommt den Auftrag, den eigentlich Sie haben wollten! Denn viele Verkäufer beraten – und die Konkurrenz schließt ab!

Die vielen Verkäufer, reich an nicht gezahlten Provisionen für nicht erzielte Aufträge, die vielen Kunden, denen ein vorteilhaftes Produkt entgangen ist – sind nicht beide Parteien zu bedauern? Und vor allem: An wem liegt es? Am Verkäufer? Am Kunden?

Solange nichts Gegenteiliges erwiesen ist, gehen wir einmal davon aus, daß es am Verkäufer liegt, wenn der Abschluß nicht zustandekommt.

Denn der Verkäuferberuf ist ein Dienstleistungsberuf: Er muß und will helfen, die Wirtschaft in Gang zu halten. Und: Der Verkäufer lebt unmittelbar von den Früchten seiner Arbeit, den Provisionen.

Der Verkäufer ist der aktive Part in diesem Spiel – also ist er es, der in erster Linie dafür verantwortlich ist, daß ein Abschluß zustandekommt und den Kunden nicht nur gelegentlich, sondern stets und immer mit einem Abschluß zu verlassen!

Verkäufer eignen sich Telefontechniken an, Verkäufer üben Fragetechniken, Verkäufer erklären ihr Produkt vorwärts, rückwärts und im Schlaf.

Und im entscheidenden Moment, in welchem der Kunde JA oder NEIN sagen muß, tun sie alles, um das Geschäft kurz vor dem Ziel wieder zu zerstören! Dabei wissen sie oft nicht einmal, was sie tun!

Was sie tun? Entweder das Falsche oder gar nichts! Beides ist im Endresultat völlig gleich: Der sicher geglaubte Abschluß ist dahin. Diese Verkäufer haben sich nie die Mühe gemacht, sich auch die letzte der Verkäufer-Techniken, die Abschlußtechnik, intensiv anzueignen!

Der gute Verkäufer muß auch sie beherrschen. Produktkenntnis und Stehvermögen im Verkaufsgespräch sind sehr wichtig – die

Technik des Abschlusses gehört als ebenso wichtiger Faktor dazu!

Mit guter Abschlußtechnik, so erkannte schon vor vielen Jahren der bekannte Verkaufstrainer Erich-Norbert Detroy, „senken wir die relativen Kosten, steigern wir die Umsätze und verbessern die Gewinne!“ Gute Abschlußtechniken, so folgert er richtig, ergeben daher einen beachtlichen Rationalisierungseffekt.

Das sieht sehr danach aus, als ob hier jemand durch die unternehmerische Brille blickt! Richtig! Denn was ist der Verkäufer anderes als ein Unternehmer! Jeden Tag muß er etwas unternehmen, damit Geld in die Kasse kommt. Und zwar erfolgreich unternehmen! Er ist Unternehmer und kein Unterlasser.

Die Beherrschung von Abschlußtechniken ist das letzte Glied in der Kette der Kenntisse und Fähigkeiten eines guten Verkäufers. Erwirbt er sie, baut er sie aus, wird er nahezu jeden Kunden mit einem Auftrag verlassen!

Aber auch die Geschäfte, die mit Ach und Krach dann doch noch irgendwie zustandekommen, dienen nicht dem langfristigen Erfolg des Verkäufers. Er hinterläßt unzufriedene Kunden, die sich hüten werden, sich noch einmal mit diesem Verkäufer abzugeben.

Dabei sind es nicht nur die Erstaufträge, sondern auch die Folgegeschäfte, die dem Verkäufer Butter, Wurst und meinetwegen auch Kaviar aufs Brot liefern, Jahr für Jahr!

Für den Verkäufer muß es also eine elementare Frage der eigenen Existenz- und Zukunftssicherung sein, zufriedene Kunden heranzuziehen.

Der Wissenschaftler muß lernen, der Künstler üben! Der Verkäufer muß beides!

Wie mir scheint, liegt eine weitere Ursache vieler Fehlschläge häufig in einer einseitigen Betonung fachlicher Aspekte in der Aus- und Fortbildung der Verkäufer. Das bedarf der Erläuterung:

Wie viele andere Berufe auch ist der Beruf des Verkäufers längst in die Hände der Wissenschaft gefallen. Sämtliche Aspekte der Planung und Organisation eines Verkäufers werden ständig von einem Heer von Fachleuten in einzelne Abläufe zerlegt, analysiert und optimiert.

Das Ergebnis: eine Fülle von Anleitungen und Anweisungen bis hin zu regelrechten „Dienstvorschriften“ (vor allem in Strukturvertrieben), mit denen der Verkäufer effektiver arbeiten, seine Zeit besser nutzen kann und soll.

Gleichzeitig durchforstet eine weitere Armee von Psychologen die Gehirne von Käufern und Verkäufern, stets auf der Suche nach noch geheimeren Schlüsseln und Motiven für diese Handlung und jene Reaktion.

Das Ergebnis ist auch hier eine weitere Fülle von Erkenntnissen und Anweisungen an den Verkäufer, umgesetzt beispielsweise in Verkaufs- und Abschlußtechniken. All das ist – zugegeben – notwendiges Wissen und Handwerkszeug für den heutigen Verkäufer!

Aber: Wo bleibt der Künstler im Verkäufer? „Verkaufen ist eine Kunst“, sagt schließlich nicht zu Unrecht ein gängiges Sprichwort.

Also nutzt es nicht allzuviel, fünf Lehrbücher über den richtigen Abschluß durchzuarbeiten, das Gelernte mechanisch anzuwenden – und nichts zu unternehmen, um die eigene Persönlichkeit zu entwickeln, die nun einmal hinter den Verkaufstechniken stehen muß, um Wirkung zu erzielen.

Um es einmal auf den Punkt zu bringen: Schon einem Zwölfjährigen könnte die Fragetechniken mühelos beigebracht werden – die Kinder lernen in diesem Alter in der Schule viel komplexere Dinge. Aber: Er könnte wohl kaum mit psychologischem Einfühlungsvermögen umsetzen, was er da gelernt hat.

Wer nicht mit einer wirklichen, gefestigten Persönlichkeit hinter seinem Verkäuferwissen steht, bleibt schnell auf einer unteren Stufe stehen und wird nie die Bedeutung des Satzes erfahren:

Die Magie des Verkaufens erleben nur die Künstler unter den Verkäufern!

Erfolgreicher Künstler sein, das bedeutet, das vorhandene Talent durch ständiges Üben zu fördern, auszubauen, auf den Höhepunkt zu bringen. Ohne ständige Übung wird der beste Virtuose lahm. Der Verkäufer braucht ganz einfach eine professionelle Einstellung zu seinem Beruf!

Sein Beratungsgespräch ist nur dann erfolgreich, wenn es vom Beginn bis zur Unterschrift minutiös inszeniert wurde. Entsinnen wir uns, was den Power-Seller auszeichnet:

Er ist Stückeschreiber, Regisseur und Hauptdarsteller in einer Person!

Unlängst hatte ich geschäftlich in London zu tun und stellte fest, daß der Weltstar Shirley Bassey in der Royal Albert Hall auftreten würde. Ich kannte sie von einer früheren Gelegenheit, und sie bot mir die Möglichkeit, sie am Samstag bei einer Generalprobe zu treffen.

Hier erlebte ich, was absolute Professionalität bedeutet: Der Star, der seit über zwanzig Jahren von Konzert zu Konzert eilt, der Hunderte von Vorstellungen gegeben, der jeden Ton, jeden Schritt, jede Hand- und Körperbewegung gekonnt eintrainiert hat und sicher wie im Schlafe ausführen kann – dieser hochbezahlte Star war sich nicht zu schade, erneut seinen Auftritt von Anfang bis Ende im Detail immer wieder zu üben.

Shirley Bassey probte minutiös jede Sekunde ihres „Verkaufserfolges", des am Abend stattfindenden Konzerts.

Nach der Probe sprach ich sie darauf an. „Ich bin es doch ganz einfach meinem Publikum schuldig, daß es Shirley Bassey in Höchstform erlebt", entgegnete sie. Im Stillen dachte ich bei mir: „Hätten doch nur alle Verkäufer auch diese Einstellung."

Eine ähnliche Erfahrung machte ich später noch einmal im Prinzregententheater in München, wo Professor August Everding zwei Monate lang den „Penderetzky" einstudierte. Da waren unter seiner Leitung die erfahrenen internationalen Gesangstars dabei, jeden Schritt, jede Bewegung immer wieder peinlich genau zu üben, ein Regieassistent zeichnete alles minutiös auf. So bereitet man eine Inszenierung vor.

Was machen einige Verkäufer? Sie erzielen vielleicht einige schnelle Abschlüsse und meinen, nun wären sie Weltmeister und Superstar in einer Person.

Kundenkartei? Tagesplanung? Organisation? Fortbildung? Seminare? Besuchsvorbereitung? Umsatzplanung? Alles total überflüssig! Wir können doch locker vom Hocker verkaufen! Wozu sich mit diesem Ballast befassen? Das ist nur notwendig für die Kollegen, die es anders nicht schaffen!

Relativ häufig treffe ich Verkäufer mit dieser Einstellung. Die meisten sehe ich nur eine beschränkte Zeit lang – wenig später sind sie klanglos untergegangen.

Gute Verkäufer begreifen die Krise als Chance

Gute Verkäufer hingegen wissen, daß sie es ihren Kunden einfach schuldig sind, sie vorbereitet wie ein Profi zu besuchen. Auch sie üben ihre Inszenierung immer wieder ein – letztendlich aus durchaus egoistischen Gründen: Sie verdienen Geld damit. Je besser sie sind – desto höher ihr Einkommen.

Und Kunden haben es viel lieber mit einem wirklich professionellen Verkäufer zu tun, als mit durchschnittlichen Beratern zu verhandeln. Und das zahlt sich schnell aus – für den Verkäufer.

Zu einem Verkäufer mit professioneller Einstellung gehört eine optimistische, positive Lebenshaltung, ja, eine richtiggehende Begeisterung.

Deswegen ruhen sich diese Verkäufer auch nicht auf ihren Lorbeeren aus, sondern arbeiten planmäßig und mit größter Beharrlichkeit an sich,ihrer inneren Einstellung und an ihren Geschäftschancen.

Gerade in Krisenzeiten irgendeines Wirtschaftszweiges zeigt sich besonders, wo die wirklich guten Verkäufer zu finden sind.

Denn: Stets geht es irgendeinem oder sogar mehreren Sektoren von Industrie oder Handel schlecht. Mal klagen die Autohersteller, mal die Stahlindustrie, ein drittes Mal der Schiffsbau, und so weiter.

Jedesmal erfahren wir aber zugleich von gigantischen Geschäftserfolgen einiger Verkäufer in diesen angeblich gebeutelten Wirtschaftsbereichen. Gleichzeitig melden andere Verkäufer Konkurs an.

Woran liegt das? Krisen entstehen immer dann, wenn Menschen satt und zufrieden werden, wenn sie aufhören, auf sich und Entwicklungen im Leben zu achten. Alles um uns herum verändert sich ständig, ist im Fluß. Wer stillsteht, schreitet in Wahrheit zurück.

Und dann hängt es noch entscheidend davon ab, wie man Situationen betrachtet: Ein Mensch mit pessimistischer Grundhaltung wird stets mit negativen Gedanken in die Zukunft blicken, er erwartet das Schlimmste. Seine Stimmung ist gedrückt, seine Einstellung zur Arbeit ebenfalls.

Ein Verkäufer mit positiver Grundhaltung arbeitet zielstrebig auf eine erfolgreiche Zukunft hin, die er kaum erwarten kann, weil sie ihm soviel Positives schenken wird! Wie aus Gedanken Handeln wird, werde ich Ihnen noch ausführlich in diesem Buch schildern.

So kommt es, daß die einen Verkäufer klagen und resignieren, die anderen aber in der Krise ihre Chance sehen und handeln! Die einen machen Karriere, die anderen melden Konkurs an!

Gibt es eine Erklärung dafür?

Was halten Sie von dieser:

Dort sind Power-Seller am Werk, weil sie die richtige **Einstellung** besitzen!

Kapitel 2

Der Power-Seller tritt auf

Was den Power-Seller antreibt

In den über zwanzig Jahren, die ich in der Finanzdienstleistungsbranche tätig bin, habe ich viele tausend Verkäufer kennengelernt und ausgebildet.

Anders als bei manchen „Erfolgstrainern“, die ihre Seminarteilnehmer normalerweise nur auf mehr oder weniger kurzen Seminaren und Fortbildungsveranstaltungen sehen, haben mich „meine“ Verkäufer eine sehr lange Zeit in der täglichen Praxis begleitet.

Viele sind immer noch für mein Unternehmen tätig. Ich konnte ihren Aufstieg und ihre Karrieren also besonders gründlich studieren.

Nicht wenige haben über die Jahre Millionen Mark verdient. Einige streichen sogar in jedem Jahr mehr als eine Million Provisionen ein, sie sind absolute Könner in ihrem Metier – eben Power-Seller, die auch in jedem anderen Wirtschaftszweig sehr hohe Einkommen beziehen könnten.

Wer möchte nicht viel Geld verdienen? Bevor Sie nun davon träumen, nach der Lektüre dieses Buches ebenfalls in diese Einkommensklasse aufzusteigen, möchte ich Ihnen einen wohlgemeinten Dämpfer verpassen.

Wahre Power-Seller – gleich auf welcher Ebene – denken nicht primär in materiellen Bahnen. Stellen Sie den Wunsch, schnell vermögend zu werden, zunächst einmal zurück. Konzentrieren Sie Ihre Gedanken darauf, den Weg zum Power-Seller zu gehen. Sie werden sehen: Das Materielle kommt von ganz allein.

Als ich bei den Vorarbeiten für dieses Buch über das Erfolgsgeheimnis jener Power-Seller intensiv nachdachte und mir die Personen und ihren Lebensweg vor Augen führte, wurde mir eines klar:

Keiner dieser Power-Seller war ursprünglich einmal angetreten, um möglichst schnell möglichst viel Geld zu verdienen.

Verstehen Sie mich nicht falsch: Das Geldverdienen halte ich für einen durchaus legitimen Grund, den Beruf eines Verkäufers auszuüben. Denn kaum ein anderer Berufszweig offeriert heute vergleichbare Einstiegs-, Aufstiegs- und Einkommenschancen. Und: Unser Land braucht viele und gute Verkäufer!

Diese Erfolgsverkäufer sind Menschen, denen das Erlebnis des Verkaufens Freude macht:

- der Umgang mit den verschiedensten Kunden an den unterschiedlichsten Schauplätzen;
- die Notwendigkeit, sich auf Menschen und Situationen immer wieder neu einstellen zu müssen;
- die ständig neue Herausforderung, auch den schwierigsten Kunden mit seiner eigenen Begeisterung zu überzeugen;
- das Gefühl des Triumphes, wenn diese Herausforderung dank der eigenen Fähigkeiten zu einem erfolgreichen Abschluß geführt hat.

Power-Seller brauchen die Genugtuung des Erfolges für ihren Seelenfrieden, für Aufbau und Pflege ihres Egos. Was für den Künstler der Beifall, ist für den Power-Seller der Erfolg. Er lebt von ihm, braucht ihn möglichst jeden Tag, um sich aufzubauen und sagen zu können: Ich bin erfolgreich!

Gleichzeitig mit dem Erfolg kommt selbstverständlich auch das große Geld zum Power-Seller. Es ist für diesen Personenkreis und seine Tätigkeit aber im Grunde nachrangig. Allerdings habe ich auf ein gutes Produkt immer Wert gelegt.

Aber egal ob Konsumartikel, eine Maschine, Anlage oder eine Dienstleistung: Die Qualität muß stimmen. In meinem Unternehmen habe ich jedenfalls immer höchsten Wert auf gute Produkte gelegt.

Was den Power-Seller von anderen Verkäufern unterscheidet

Ich habe nach einer Definition gesucht, die möglichst kurz auf den Punkt bringt, was das Wesen des Power-Sellers ausmacht. Hier ist sie:

Der Power-Seller ist zunächst einmal jemand, der in Menschen hineinsieht, sie erkennt und ihnen ein Heilmittel verordnet, und zwar so, wie es auch beispielsweise ein Arzt mit der Medizin tut: um Gutes zu bewirken.

Durch sein begeistertes und sympathisches Auftreten und seine gewinnende Persönlichkeit führt der Power-Seller eine Situation herbei, in der der Kunde die Autorität des Power-Sellers akzeptiert und widerspruchslos die Medizin einnimmt – in der festen Überzeugung, sie werde ihm helfen.

Der Vollständigkeit halber möchte ich ergänzen: Auch der Power-Seller besitzt die Überzeugung, seinem „Patienten" (um in diesem Bild zu bleiben) das für ihn genau richtige und nützliche Mittel verabreicht zu haben. Wäre das nicht so, könnte das oben genannte Spiel gar nicht funktionieren.

Power-Seller üben ihren Beruf wie begnadete Künstler, richtiger: wie geniale Virtuosen aus – was sie auch tatsächlich sind. Bis ins kleinste Detail planen sie ihre Auftritte, verfolgen ihre **Strategie** bis zum Abschluß.

Diese Strategie beinhaltet stets positve Elemente, denn der Power-Seller ist eine positive Persönlichkeit, er will den Kunden glücklich machen.

Der Power-Seller agiert jeden Tag aufs neue in realen Kulissen. Die Welt ist seine Bühne, die Geschäftspartner sind seine Mitspieler. Der Power-Seller spielt dort aber nicht, er inszeniert. Weil er strategisch plant, weiß er, wie das Spiel ausgeht.

Nicht wenige Power-Seller besitzen zudem die **Sensibilität** einer Primadonna. Zum Glück wird kein Kunde es je bemerken. Der Power-Seller ist kein Supermann. Sein Gefühlsleben kennt wegen der übergroßen Empfindsamkeit wie bei allen großen Künstlern starke Höhen und Tiefen.

Aus den Tiefen rettet er sich meist mit einem probaten Mittel: einem Erfolg, der den vorangegangenen möglichst in den Schatten stellt.

So überlegen der Power-Seller in seiner Profession vorgeht, so extrem anfällig ist er gelegentlich gegenüber den vielfältigsten Einflüssen aus Umwelt und Alltag.

Power-Seller können die allerfeinsten Schwingungen bei anderen Personen wahrnehmen. Im Beruf ein Segen, im privaten Bereich manchmal ein Fluch...

Die Berufskollegen des Power-Sellers

Der Power-Seller, Sie haben es bemerkt, ist ein Mensch, der durch Talent und Training ungewöhnliche Eigenschaften und Fähigkeiten entwickelt hat. Aus dieser Konstellation resultieren ungewöhnliche Vorgehensweisen.

Um sie zu beschreiben, muß ich etwas ausholen. Betrachten wir einmal die Vorgehensweise einiger anderer Verkäufer.

Da ist beispielsweise der, der das Schwergewicht seiner Präsentation auf die Vorzüge des Produktes legt, das er wie kein zweiter kennt. Er erzählt dem Kunden etwa dieses:

„Unsere Büroklammern bestehen aus titangehärtetem Chrom-Vanadiumstahl mit innenliegendem Aluminiumkern – Molekulargewicht 1,55 – windkanalgeprüft, rostfrei und praktisch unzerstörbar. Sämtliche DIN-Normen sind erfüllt, das TüV-Sicherheitszeugnis ist auf der Verpackung, wie Sie hier sehen können. Wenn Sie 100 000 Stück bestellen, erhalten Sie sogar einen zusätzlichen Rabatt."

Und so weiter. Eine beeindruckende Präsentation, wie es scheint. Doch sie birgt Gefahren. Ein Verkäufer, der nur die Produkt-„Masche" drauf hat, wird häufig scheitern, wird ein Verkäufer mit mäßigem Erfolg bleiben. Denn der Kunde will unbewußt mehr, als nur vom Produkt überzeugt werden.

Klügere Verkäufer verfolgen daher eine meist erfolgreichere Verkaufsstrategie:

Sie stellen nicht das Produkt und seine Eigenschaften, sondern vor allem dessen Nutzen für den Kunden in den Vordergrund ihrer Präsentation.

Und sie rechnen dem Kunden schnell vor, welchen Betrag er im Laufe eines oder mehrerer Jahre spart, weil das Produkt so unglaublich haltbar ist, kaum Service braucht usw. Die Verringerung der Kosten – ein unmittelbarer Nutzen für den Käufer – ist ein Argument, gegen das sich der Kunde kaum rational sträuben kann.

Noch anders geht der sehr gute Verkäufer vor. Er weiß, daß seine Wettbewerber den Kunden ebenfalls mit Vorzügen und Nutzen ihres Produktes traktieren. Er muß also eine andere Strategie finden, die Aufmerksamkeit des Kunden zu erregen: Er setzt zusätzlich **Emotionen** ein.

Diese Vorgehensweise setzt ein genaues (und manchmal auch blitzschnelles) Erkennen des Menschentyps voraus. Zum Beispiel kann der Verkäufer zu dem Schluß kommen, er habe es mit einem Kunden zu tun, dem er unbedingt die Erfüllung eines langgehegten Traumes suggerieren müsse, die das jeweilige Produkt verspricht.

Beispiele dieser Art lassen sich am einfachsten in vielen Autohäusern finden: Ein ums andere Mal treffen wir den Kunden, der frohgemut und glücklich in einem nagelneuen Geländewagen mit Vierradantrieb davonbraust – statt mit der gebrauchten Limousine, die er ursprünglich kaufen wollte.

Was ist geschehen? Obwohl wir nicht dabei waren, können wir es lückenlos rekonstruieren: Der Kunde hat im Gespräch und per Körpersprache signalisiert, daß er eigentlich ein überaus wichtiger Mensch und somit anderen Zeitgenossen haushoch überlegen sei – auch wenn diese es nicht immer recht zu würdigen wüßten.

Der Verkäufer weiß es zu würdigen. Er hat die Botschaft erkannt und in seinem berufsbedingten Optimismus zu Recht oder Unrecht schnell noch eine schwere Profilneurose des Kunden hinzudiagnostiziert.

Jetzt weist er ihm den Weg, indem er den Kunden bestärkt: *Eigentlich stehe einem bedeutenden Menschen ein anderes Auto zu: Eines, in dem der Kunde bei Eis und Schnee souverän an allen anderen vorbeifahren könne, wenn diese längst steckengeblieben sind. Eines, mit dem man überhaupt und jederzeit überall hinfahren könne, wo andere nicht mehr hinkommen. Ein Auto, das nicht jeder hat und mit dem man anderen stets und überall überlegen sei. Zufällig habe man da ein günstiges Angebot, wie zugeschnitten auf einen Kunden in seiner Position und mit seinen Ansprüchen...*

So wie hier verkürzt dargestellt, ist der Verkäufer sicher nicht vorgegangen. Er wird diesen Traum, diese Vorstellung sicherlich langsam entwickelt, immer überzeugendere Mosaiksteinchen zu einem Bild zusammengesetzt haben.

Vielleicht hat er am Ende auch hintersinnig hinzugefügt: *„Sie ahnen nicht, Herr Kunde, wie viele Leute sich einfach nicht trauen, sich das zu gönnen, was ihnen eigentlich zusteht."* Damit ist der Kunde in eine Position manövriert, in der er das Auto mit großer Überzeugung kauft.

Kann das Produkt wenig Emotionen wecken (ich erinnere an das Beispiel mit den Büroklammern), bringt unser erwähnter Verkäufer seine eigene Person ins Spiel. Er „verkauft" zunächst die Emotion Sympathie: seine freundliche, sympathische Persönlichkeit.

Bei einem Vorausgespräch am Telefon hat er bereits herausgefunden, daß sein Kunde ein bestimmtes Hobby betreibt. Mühelos lenkt nun das Eingangsgespräch auf dieses Thema:

„Auf dem Wege zu Ihnen bemerkte ich am Nordkanal einen Angler. Sagen Sie mal, gibt es denn in diesem Gewässer überhaupt noch Fische?" Sicher entsteht nun eine zwanglose Fachsimpelei, in deren Verlauf dieser Verkäufer vielleicht auch noch fragt: *„Eigentlich fasziniert mich der Angelsport auch. Was müßte ich für eine Grundausrüstung ausgeben?"*

Und dann bittet er den Kunden auch noch um den einen oder anderen Rat oder fragt ihn gar, ob dieser ihn nicht einmal mitnehmen und in die Geheimnisse des Angelns einführen würde.

Eine halbe Stunde vergeht wie im Fluge, ohne daß über das Produkt gesprochen wurde. Verkäufer und Kunde sind sich menschlich nähergekommen. Der Kunde fühlt sich sogar geschmeichelt, weil er um seinen fachmännischen Rat ersucht wurde.

Er empfindet: Dieser Verkäufer ist mir sympathisch, und ich sehe ihn gern wieder. Jetzt wird der Abschluß ohne größere Einwände getätigt, und beim nächsten Besuchstermin in einem halben Jahr wird sich der Kunde sofort positiv an die damalige Situation erinnern und fragen: *„Na, haben Sie`s unterdes mit dem Angeln versucht?“*

Sie sehen: Der gute Verkäufer hat sich zunächst selbst verkauft. Vorzüge und Nutzen seines Produktes treten anfangs in den Hintergrund. Dank einer intensiven Vorbereitung und seiner gewinnenden Persönlichkeit ist es ihm gelungen, ein Band der Sympathie und des Vertrauens zu knüpfen. Eine starke, emotionale Bindung ist zustandegekommen.

Der Power-Seller kann je nach Situation, wie jeder andere Verkäufer, die positiven Eigenschaften des Produktes, den hohen Nutzen oder Emotionen einsetzen. Was ihn aber von den bisher erwähnten Verkäufern unterscheidet, ist etwas ganz anderes:

Er verfügt über eine höhere Stufe der Begeisterung (die wir in späteren Kapiteln erfahren werden), und er plant seine Auftritte strategisch minutiös vor.

Genauer gesagt, er inszeniert ein Stück, das nur einen Zweck hat: Wenn der Vorhang fällt, steht der Power-Seller als Triumphator auf der Bühne. Was für den Künstler der Beifall ist, bedeutet dem Power-Seller der Kaufabschluß: Belohnung für eine überzeugende Vorstellung.

Dieses Spiel kann sowohl in einer bestimmten Kulisse stattfinden als auch an wechselnden Schauplätzen. Manchmal kann es auch nur aus einem ausgeklügelten Dialog mit vorbestimmtem Verlauf bestehen, der den Käufer Schritt für Schritt begeistert und schließlich in eine Position der Zustimmmung führt.

In jedem Falle hat der Power-Seller jedoch auch das kleinste Detail vorausbestimmt bzw. hat es in Reserve, um es im geeigneten Moment einzusetzen, um die vorausberechnete Wirkung zu erzielen.

Vorhang auf: Der Power-Seller inszeniert sein Verkaufsgespräch!

Bislang habe ich ausgedachte Beispiele angeführt. Hier will ich Ihnen anhand einer wahren Geschichte erzählen, worin die Magie des Power-Selling liegt:

Wir treffen den Power-Seller im Hause von Doktor Schneidig, dem stadtbekannten Chirurgen. Schneidig hat in einem schwachen Moment zugestimmt, die Vorschläge des Power-Sellers „unverbindlich zu prüfen".

Schneidig ist der Schrecken aller Verkäufer in der Stadt. Keiner hat es bislang geschafft, überhaupt einen Termin mit ihm zustandezubringen. Gnadenlos läßt er alle entsprechenden Versuche von seiner Sekretärin abblocken. Eine Herausforderung für den Power-Seller!

Auch unser Power-Seller hat schon ein paarmal telefoniert, ohne einen Termin zu bekommen. Immerhin ist es ihm gelungen, ein gewisses Interesse bei der Sekretärin zu wecken und in diesen Telefonaten folglich einige Informationen zu sammeln.

So hat er nun erfahren, warum Doktor Schneidig grundsätzlich keine Abendtermine vereinbart. Der Doktor ist ein Freund der schönen Künste. In seiner spärlich bemessenen Freizeit besucht er die Kunstgalerien der Stadt, läßt vor allem kaum eine Vernissage aus.

Unser Power-Seller recherchiert methodisch wie ein Kriminalbeamter, ruft alle Galerien an: Wann und wo findet die nächste Vernissage statt? Selbstverständlich ist er dort anwesend – und Doktor Schneidig ebenso.

Bevor er ihn anspricht, studiert der Power-Seller seinen nichtsahnenden zukünftigen Kunden sehr genau: Wie er auftritt, seine Sprechweise, worüber er spricht, wie er gekleidet ist.

Auf Veranstaltungen dieser Art ist es leicht, zwanglos ins Gespräch zu kommen. Eine unaufdringliche Bemerkung, schon unterhalten sich die beiden angeregt. Der Power-Seller pflichtet dem Doktor bei, macht ein paar kluge Bemerkungen über die ausgestellten Werke, nennt die Namen einiger anderer Künstler und fragt Schneidig, wie er diese beurteilt – Kunstfreunde unter sich.

Es fällt von seiten des Power-Sellers kein Wort über Geschäfte, aber wohl hat er seinen Namen genannt. Der Doktor ist guter Laune, hat er doch an einem schönen Abend ein interessantes Gespräch mit einem gebildeten Menschen geführt.

Ein paar Tage später hat der Power-Seller den Doktor tatsächlich am Telefon. *„Ist das nicht der Mensch aus der XY-Galerie?“*, fragt sich Schneidig, als seine Sekretärin das Gespräch durchstellt. Den Namen erinnert er und nun ist er perplex: Dieser sympathische, intelligente Mensch – der ist Berater, also Verkäufer?

Schneidig spielt auf der Klaviatur seiner Abwehrmechanismen und spart nicht mit kräftigen Ausdrücken: Es sei völlig zwecklos, ihm etwas „andrehen“ zu wollen.

Schließlich gipfelt die Abfuhr in: *„Hören Sie mir bloß auf mit Ihren dubiosen Steuersparmodellen! Ihr Berater seid doch alle Betrüger!“*

Das Gespräch ist damit beendet, Schneidig schon im Begriff, den Hörer aufzulegen. Da erreicht ihn gerade noch die Stimme des Power-Sellers.:

„Ein letztes noch, Herr Doktor! Alle Ärzte sind Mörder!"

„Wie bitte?" (Wobei das „Wie" einen halben Kilometer lang ist.)

Der Power-Seller läßt sich seine Befriedigung nicht anmerken. Insgeheim hatte er mit starkem Tobak von Schneidigs Seite gerechnet – schließlich besaß der Doktor in Verkäuferkreisen bereits eine entsprechende Reputation. Deswegen holt er eine Argumentation aus der Reserve, die er sich vorher für alle Fälle aufgebaut und zurechtgelegt hat.

Er erzählt von einem Bekannten aus dem näheren Familienkreis, der durch den Kunstfehler eines Arztes sein Leben verloren hat, nennt ein paar überzeugende Details.

Schneidig kennt die Problematik solcher Fälle. Er wehrt sich empört: „Sie können doch nicht alle Ärzte über einen Kamm scheren!"

„Sehen Sie", sagt der Power-Seller, *„dann sollten Sie auch nicht alle Berater über einen Leisten ziehen. Wir sind doch beide intelligente Menschen und sollten solche Spielchen nicht treiben! Wenn ich Sie besuche, können Sie sich Ihre eigene Meinung bilden. Ich bin sicher, daß es eine positive sein wird."*

Schneidig ist auf dem Rückzug. Vielleicht bin ich zu weit gegangen, sagt er sich. Er stimmt einem Gesprächstermin zu. Schließlich kann er dann ja immer noch nein sagen. Der schwache Moment, von dem eingangs gesprochen wurde.

Der Power-Seller hat nicht nur die erste Hürde genommen, (den Geprächstermin an sich), sondern die erste Krise gemeistert, die bei einem weniger versierten Verkäufer zum endgültigen Abbruch der Beziehungen geführt hätte.

Im Hause des Doktors bewundert der Power-Seller die geschmackvolle und wertvolle Inneneinrichtung: Stilmöbel, moderne Grafiken an der Wand. Der Power-Seller strahlt Bewunderung aus und bleibt fasziniert vor einer viktorianischen Lampe stehen:

„Donnerwetter! Eine Rarität! Solche Stücke bekommt man heute nicht unter 40 000 Mark, ein selten schönes Exemplar!" stößt er begeistert heraus.

Schneidig beißt an: *„Raten Sie mal, was ich dafür bezahlt habe?"*

Der Power-Seller nennt eine Summe, die, wie sich herausstellt, noch weit über dem liegt, was Schneidig bezahlt hat. Zwangsläufig kommt die Frage:

„Wie haben Sie das gemacht, wo haben Sie die Lampe erstanden?"

Schneidig erzählt ausführlich, wie und wo er seine Antiquitäten erwirbt, daß ihm auf diesem Gebiet so leicht niemand ein X für ein U vormachen könne.

Der Power-Seller: *„Das ist ja unglaublich! Sie besitzen einen scharfen Kennerblick für wirklich gute Stücke."* Er deutet dabei auf die Sitzmöbel, nennt treffsicher die Stilrichtung und bemerkt: *„Diese Sessel haben sicher ein Vermögen gekostet!"*

Das Spiel geht weiter. *„Raten Sie mal, was ich dafür bezahlt habe!"* wiederholt sich Schneidig voller Stolz. Der Power-Seller staunt und bewundert, macht kluge Bemerkungen. Noch ein paar Minuten lang streichelt er kräftig das Ego des Doktors. Er weiß:

Die ersten sieben Minuten des Gesprächs entscheiden über den künftigen Erfolg.

Der Power-Seller zehrt von einer antrainierten Fähigkeit, die allen seinen Berufskollegen zu eigen ist: **grenzenlose Neugierde für alle Bereiche des Lebens.** Von Aktienmärkten bis zu Strukturproblemen gewisser Industriebranchen, von Kunstauktionen bis hin zu Rennpferden oder jüngsten Schauspiel-Premieren.

Stets stellt der Power-Seller neugierige Fragen, will wissen, wie etwas funktioniert, wer wo was und wie bestimmt. Das Resultat ist ein breites Wissen um das, was up to date ist, was seine Kunden bewegt, was sich als Anknüpfungspunkt für ein Gespräch verwenden läßt, das den Kunden sofort fasziniert.

Wir fahren fort: *„Herr Doktor Schneidig, was Sie hier zusammengetragen haben, ist außergewöhnlich eindrucksvoll und wertvoll. Wie lange arbeiten Sie eigentlich jeden Tag?“*

Schneidig bekennt, daß die Stunden nicht ausreichen. Er vernimmt, daß er durch seine harte Arbeit mehr Vermögen bilden könnte, wenn er durch geeignete legale steuerliche Maßnahmen weniger an das Finanzamt abliefern müßte.

Schneidig ist interessiert, hört aufmerksam zu, läßt sich erklären. Man spricht über Zahlen, rechnet. Der Doktor kühlt ab. Leichte Verärgerung macht sich breit: Was dieser Mensch alles von ihm wissen will! Und überhaupt, der will doch letztlich nur verkaufen! Aber nicht mit mir!

Der Power-Seller hat unterdes einen konkreten Vorschlag unterbreitet. Schneidig sucht nach der Fliege in der Suppe. Er stellt anheim, er gibt zu bedenken, er behält sich vor.

Am Ende doziert er: So gehe das nun nicht. Die Zahlen müßten geprüft werden, der Zeitpunkt sei überhastet, wahrscheinlich gäbe es günstigere Angebote, und man müsse die Sache, wenn überhaupt, ganz anders anpacken, und zwar so...

Der Power-Seller denkt sich seinen Teil. **„Autoritätsverschiebung“** nennt man dieses Phänomen, an dem viele Verkäufer im letzten Moment scheitern, weil sie kein Durchsetzungsvermögen besitzen, weil sie aus Angst vor drohendem Auftragsverlust den Kunden nicht, wie in dieser Situation erforderlich, hart rannehmen können.

Während Schneidig, die anerkannte Kapazität auf dem Gebiet der Chirurgie und Inneren Medizin, so richtig in Fahrt gekommen ist und gerade seine Ablehnung in überlegener Manier formulieren will, unterbricht der Power Seller:

„Wann, Herr Doktor, haben Sie morgen Ihren ersten Termin?“

„Ich operiere pünktlich um acht Uhr. Wieso?“

„Ich werde pünktlich erscheinen!“

Schneidig ist völlig ahnunglos, was auf ihn zukommt: *„Bei den Operationen sind keine Zuschauer erlaubt.“*

„Ich werde nicht zusehen, ich werde operieren“, entgegnet der Power-Seller mit einem Unterton in der festen Stimme, der keinen Widerspruch zuläßt.

Stille. Die Gesichtszüge des Doktors drohen zu entgleisen. Was erlaubt sich dieser freche Kerl eigentlich, der ein Skalpell bestimmt nicht von einem Brieföffner unterscheiden kann!

„Sehen Sie“, sagt der Power-Seller nachsichtig lächelnd, so als ob er Schneidigs Gedanken lesen könnte: *„Wenn ich als Patient zu Ihnen komme, habe ich volles Vertrauen zu Ihnen.*

Sie haben eine langjährige Ausbildung, verfügen über ausgedehnte Erfahrung und wissen genau, was Sie zu tun haben. Würden Sie von mir Ratschläge entgegennehmen, wie Sie bei der Operation vorzugehen haben? Können Sie sich vorstellen, daß auch ich eine langjährige Ausbildung und große Erfahrungen habe und schon deßhalb weiß, was für meine Klienten gut ist?"

Schneidig ist still, denkt nach. Der Zorn ist verraucht. *Der Mann hat ja recht,* sagt er sich und lacht, um die Situation zu retten: *„Fahren Sie fort, ich höre Ihnen zu. Sie haben mich überzeugt."*

An diesem Abend hat der Power-Seller nicht nur einen neuen, sondern auch einen überzeugten Kunden gewonnen. Denn Doktor Schneidig hat nicht nur abgeschlossen, sondern unseren Power-Seller ohne Bedenken auch an Kollegen weiterempfohlen.

Dabei wäre das Gespräch beinahe gescheitert, war die Aussicht, einen Abschluß zu tätigen, schon fast dahingeschwunden. Nur indem der Power-Seller aus seinem Fundus ein geeignetes Mittel zog, um den Doktor wieder auf die Erde zurückzuholen, konnte er die Situation retten und zu seinem Vorteil umpolen.

Alles hat sich fast wortwörtlich so zugetragen. Übrigens besaß der in unserer Geschichte erwähnte Power-Seller tatsächlich Kunstverstand und Sachkenntnis in Antiquitäten.

Ganz nebenbei haben wir hier eine weitere wichtige Qualifikation des Power-Sellers erfahren: **ein möglichst breiter Horizont.** Wie viele Abschlüsse sind nur zustandegekommen, weil vorher intensiv über fernöstliche Religionen oder die Vorzüge gewisser Weine und Champagnermarken angeregt diskutiert wurde!

Heutzutage werden alle Handlungen gern mit moralischen Fragezeichen versehen. So gibt es (wenige) Fachleute, die sogar den Einsatz von Gefühlen beim Verkauf strikt ablehnen.

Die Realität widerlegt diesen Anspruch jeden Tag. In unserem Beispiel hat der Power-Seller – denken Sie an das Treffen in der Kunstgalerie – obendrein noch kräftig manipuliert. Darf er das, verträgt sich das mit der Ethik eines Verkäufers?

Ich möchte es so ausdrücken: Der Power-Seller hat für sein Anliegen, den Verkauf, ganz einfach günstige Umstände herbeigeführt.

Das ist völlig legitim. Verkäufer und Kunde haben schließlich eine geschäftliche Transaktion vorgenommen, die von beiderseitigem Nutzen war. Manipuliert wurde der Termin. Dabei wurde der Kunde vom Nutzen überzeugt.

Machen Sie Ihrem Kunden einen Heiratsantrag!

Überlegen Sie einmal: Haben Sie nicht auch schon einmal sehr kräftig manipuliert, eine Situation herbeigeführt, die Ihnen für den bestimmten Zweck, den Sie verfolgten, am vorteilhaftesten erschien?

Es ist Ihnen wahrscheinlich nur nicht bewußt geworden, weil Sie nicht an einen „Verkauf" dachten. Ich führe dieses Beispiel an:

Wenn Sie verheiratet sind, darf ich Sie an den Tag, die Stunde, erinnern, wo Sie, verliebt bis über beide Ohren, Ihrer Partnerin oder Ihrem Partner einen Heiratsantrag gemacht haben.

Sicher kam es Ihnen darauf an, diesen „Abschluß" unter allen Umständen zu tätigen und nicht abgewiesen zu werden. Das war der Moment, in dem Sie, ohne es zu wissen, Strategien und Taktiken des Power-Selling minutiös in Ihrem privaten Bereich angewendet haben.

In der Zeit vor Ihrem Heiratsantrag haben Sie sich sicherlich bemüht, Ihre guten Seiten hervorzukehren. Gelegentlich liest man sogar von Power-Sellern, die ihre Argumente mit spektakulären Aktionen unterstreichen.

Die mieten an einer Durchgangsstraße eine riesige Plakatfläche, schreiben darauf: „Petra, ich liebe Dich" und spekulieren, daß ihre Angebetete davon so beeindruckt ist, daß eine Ablehnung nicht mehr in Frage kommt.

Und für ihr eigentliches „Verkaufsgespräch", den Heiratsantrag, haben Sie sicherlich ein geeignetes Ambiente inszeniert: Mondschein, Kerzenlicht oder sonstige Requisiten der Romantik.

Jedenfalls sind Sie instinktiv darauf gekommen, daß die morgendliche Fahrt in der überfüllten U-Bahn zum Büro kaum einen geeigneten Rahmen für Ihr Verkaufsgespräch abgeben würde.

Und während Sie Ihren Heiratsantrag vorbrachten, bemühten Sie sich, soviel Gefühl wie möglich rüberzubringen. Dabei hat Ihr Unterbewußtsein magische Kräfte freigesetzt:

Sie wollten den Partner/die Partnerin hier und jetzt und heute und unbedingt. Deshalb kam ein Fehlschlag für Sie einfach nicht in Frage – und deswegen hatten Sie Erfolg!

Nachdem Sie „gewonnen" hatten, erfüllte Sie große Freude. Für Sie waren Emotionen ausschlaggebend, nicht etwa sachliche Argumente wie : Fortan spare ich Geld für Reinigung der Garderobe und für die Putzfrau. Auch brauche ich fortan nicht mehr in teuren Restaurants zu essen – meine Frau wird mich bekochen.

Merken Sie, daß Sie damit – bewußt oder unbewußt – fast alle Elemente verwendet haben, die das Power-Selling beschreiben?

- Sie hatten den **festen Willen,** sich zu verkaufen.
- Sie planten Zeitpunkt, Umgebung und Handlung für das „Verkaufsgespräch“ wie eine **Inszenierung.**
- Sie versuchten, Ihre Vorzüge ins rechte Licht zu setzen (ohne allzu sehr zu flunkern, denn Sie waren ja an einer langfristigen Beziehung interessiert). Und
- Sie setzten starke **Gefühle** ein.
- Trotz allem Egoismus waren Sie davon überzeugt, daß Ihr Angebot – die Heirat – auch für Ihren Partner/Ihre Partnerin ein freudebringender und überaus nützlicher Vorschlag war.
- Wegen kleinerer oder größerer **„Manipulationen“,** die zum Ziel führen sollten, hatten Sie nicht die geringsten moralischen Bedenken und sollten sie deswegen auch nicht haben!

Und wenn auch nicht alle Heiratsanträge so ablaufen: Ich bin überzeugt, daß die Mehrzahl von ihnen durch Power-Selling zustandekommt. Und falls Sie es noch nicht erlebt haben: Wer weiß, wann es Ihnen bevorsteht – und sicherlich können Sie das eine oder andere Beispiel aus diesem Buch dabei anwenden.

Im übrigen offenbart sich an diesem Beispiel das Dilemma Nummer eins der Verkaufsbranche – nicht nur in der Bundesrepublik.:

Viele, sehr viele Verkäufer sind ein „Opfer“ ihrer eigenen Selbsteinschätzung. Sie halten sich für gut, sehr gut, für den Besten. Das führt in verschiedenen Abstufungen zu folgender verhängnisvoller Denk- und Handlungsweise:

„Ein paar Informationen über das Produkt werden schon reichen, den Rest – den mach' ich dann schon, ich bin ja so gut drauf".

Die geschäftlichen Resultate sind dann meist entsprechend. Kein Timing der Inszenierung, keine Dramaturgie, blutleerer Verkauf, eigentlich eher unbeholfene Versuche, dem Kunden etwas zuzuteilen. Die Folge: keine Abschlüsse.

Ich betone: Wenn jedes Verkaufsgespräch so intensiv vorbereitet und inszeniert wäre wie der Heiratsantrag in unserem Beispiel, dann wäre – auch im internationalen Maßstab – die Erfolgsquote sämtlicher Verkäufer um Klassen höher!

Aber nur einmal im Leben die Magie des Power-Selling ausüben und erfahren – das ist zu wenig. Wenn Sie dieses Buch aufmerksam studieren, werden Sie diese Kräfte systematisch erwerben und kontinuierlich einsetzen können – im geschäftlichen, aber auch im privaten Bereich.

Lebensfreude, Erfolg und Ansehen werden fortan Ihre ständigen Begleiter sein!

Kapitel 3

Die drei Geheimnisse des Power-Sellers und seine Anatomie

Jeder gute Verkäufer möchte seinen Kunden überzeugen, **möchte** den Abschluß erreichen. Er **möchte siegen**.

Der Power-Seller will überzeugen, will verkaufen, **will gewinnen.** Sein Geheimnis liegt darin, dieses Wollen stets erfolgreich umsetzen zu können.

Woraus besteht dieses Geheimnis? Auf den Punkt gebracht, basieren die Fähigkeiten des Power-Sellers auf nur drei grundlegenden, aber sehr stark ausgeprägten Eigenschaften:

- ungewöhnliche Lebensfreude, gepaart mit Kampfgeist, starkem Durchsetzungsvermögen und Ausdauer,
- ausgeprägtes kommunikatives Können und
- überzeugendes Show-Talent mit der Kraft zu begeistern.

Nicht wahr, jetzt sind Sie enttäuscht! Haben Sie doch die Beschreibung eines Titanen, eines Supermannes (einer Superfrau) erwartet! Mit den hinlänglich bekannten Eigenschaften wie eiserner Wille, ungebrochene Tatkraft, zäher Fleiß, umfangreiches Wissen etc. ist es allein nicht getan.

Würden die genannten Attribute ausreichen, dann wäre dieses Buch überflüssig.

Viele gute Verkäufer verfügen bereits – wenn auch in den verschiedensten Abstufungen – über diese Eigenschaften. Sie arbeiten fleißig und unermüdlich, sind tatkräftig, wissen alles über ihr Produkt und noch viel mehr.

Trotzdem haben sie den Sprung zum Power-Seller noch nicht geschafft. Müssen sie jetzt noch mehr arbeiten, noch mehr wissen, noch tatkräftiger werden, um dorthin zu gelangen?

Die Antwort lautet **NEIN**! Aus den vielfältigen Beobachtungen und Erfahrungen, die ich bei Power-Sellern machen durfte, weiß ich, daß dies definitiv nicht der richtige Weg ist, in die exklusive Gilde der Power-Seller aufgenommen zu werden.

Es ist allein wichtig, Lebensfreude, Kampfgeist, Durchsetzungsvermögen, Ausdauer, kommunikatives Können und Showtalent in vollem Umfang zu erwerben und damit zu besitzen. Liegt darin nicht eine wunderbare Chance für Sie? Sie sollen jetzt mehr über den Power-Seller erfahren!

1. Die Gabe der Begeisterung

Power-Selling beruht zunächst einmal und vorrangig auf einer mentalen Einstellung. Deshalb habe ich die herausragende Lebensfreude an die erste Stelle der Eigenschaften gestellt, die den Power-Seller ausmachen. Denn aus der Lebensfreude erwachsen Ihnen eine Fülle weiterer wichtiger positiver Eigenschaften.

Zum Beispiel die Gabe der Begeisterung. Power-Seller wissen: An ihren ungewöhnlichen Erfolgen ist die Fähigkeit, den Kunden zu begeistern, zu 70 Prozent beteiligt!

Wenn Sie einmal die Stufe einer starken, tiefverwurzelten und durch nichts zu erschütternden Lebensfreude erreicht haben, sind Eigenschaften wie Willens- und Tatkraft beinahe automatische Zugaben, ebenso wie ein kaum zu zerstörendes Selbstvertrauen.

Sie denken dann gar nicht mehr darüber nach, weil Sie bereits über einen starken Willen verfügen, tatkräftig und wissensdurstig, an allem interessiert sind und jedermann selbstbewußt gegenübertreten. Einfach, weil Sie Freude daran haben.

Mit dieser Lebensfreude, über die Sie mehr in einem weiteren

Kapitel erfahren, werden Sie jeden Morgen froh aufstehen und genau wissen, was der Tag für Sie bringt.

Und diese gelassene, selbstsichere Einstellung, die ihr Selbstvertrauen umgibt, strahlen Sie fortan wie von selbst auf Ihre Mitmenschen aus – mit verblüffenden Resultaten.

Stellen Sie sich eine Radio-Antenne vor. Mit ihr empfängt der gute Verkäufer Signale vom Kunden und sendet auch welche an ihn aus. Aber: Es ist eine Rundum-Antenne. Viele Signale kommen nicht an, Störgeräusche überlagern die eigentliche Botschaft.

Der Power-Seller verfügt über eine Richtantenne, ähnlich wie die „Schüsseln" zum TV-Empfang per Satellit. Er richtet sie punktgenau auf den Kunden und erfaßt präzise auch die kleinsten Signale des Gegenübers und strahlt die eigene Überzeugungskraft mit gebündelter Energie an ihn aus.

Diesem zugegebenermaßen sehr mechanistischen Bild fehlt noch ein Faktor: Der Power-Seller strahlt seine Signale mit sehr hoher Energie ab. Energie, die er aus seinem starken Selbstvertrauen bezieht. Energie, die jeden Tag neu aufgeladen wird. Darum ist seine gewinnende Ausstrahlung schon imponierend.

Der Power-Seller ist in gewissem Sinne ein Kraft-Verkäufer. Insofern könnte man die Bezeichnung wörtlich übersetzen. Aber er ist, wie Sie noch erfahren werden, das ganze Gegenteil eines Hochdruck- oder Hauruck-Verkäufers.

Und Bezeichnungen wie Star-, Top- und Super-Verkäufer würden vollends nicht gerecht werden, weil sie überhaupt nichts aussagen.

Der Power-Seller vermittelt positive Kräfte, weil er selber eine Art Kraftwerk für positive Lebenseinstellung darstellt:

Ein durch unbändige Lebensfreude angetriebenes Individuum, dessen starke positive Ausstrahlung einen anderen Menschen im übertragenen Sinne zur Resonanz, ja geradezu zum Glühen bringt.

2. Die Gabe der Einfühlsamkeit

Auf der Lebensfreude baut im Grunde auch die zweite grundlegende Eigenschaft des Power-Sellers auf: **seine hervorragende Kommunikationsfähigkeit.**

Er kann auf andere Menschen eingehen, ohne seine eigene Persönlichkeit zu verleugnen. Er weiß, daß er als Person einzigartig ist und der Größte ist. Deshalb braucht der Power-Seller sich nicht zu verstellen.

Die Fähigkeit, besonders gut auf andere Menschen eingehen zu können, bewirkt eine grundlegend andere Einstellung des Power-Sellers zum Kunden:

Er liebt seinen Kunden, möchte ihn gewinnen.

Immer wieder fallen mir Schulungsunterlagen – auch Bücher – für angehende Verkäufer in die Hände, in denen ein Kapitel betitelt ist: Der Kunde – der Gegner.

Überlegen Sie einmal die Konsequenzen: Gegner werden besiegt oder geschlagen. Im Bereich des Sports mag man sagen: *„So ist es nun einmal."* Eine geschäftliche Niederlage hingegen kann eine Katastrophe sein.

Hier ist Gegner ein negativ besetztes Wort, das zugleich eine negative Handlungsweise des Verkäufers unterstellt (Bekämpfung des Gegners).

Vom Gegner zum Feind ist es nicht weit. Für den Feind gelten dann womöglich Vokabeln wie „vernichten“. Verkäufer, die den Kunden nur als Gegner sehen, der besiegt werden muß, dokumentieren damit nur eines. Sie sind im wörtlichen Sinne geistig beschränkt. Oder es geht ihnen bewußt lediglich darum, eine Provision zu verdienen.

Hier liegt die Ursache des Phänomens, daß viele anfänglich gute Verkäufer schnell ihren Zenit erreichen und nicht mehr vorwärtskommen!

Der Power-Seller hingegen weiß, daß auch der Kunde zu den Siegern gehören möchte.

Er setzt seine kommunikativen Kräfte so ein, daß er den Kunden mit Zuneigung und Respekt behandelt. Ein geschickter Power-Seller wird diese innere Einstellung stets so überzeugend vermitteln, daß der Kunde ihm beim Abschluß sogar noch hilft.

Denn nur wenn beide Seiten bei einer geschäftlichen Transaktion gewinnen, ergeben sich langfristige und erfolgreiche Geschäftsbeziehungen, folgen Empfehlungen, stellt sich überdurchschnittlicher Erfolg ein.

Im Grunde eine einfache Erkenntnis, die ich aber hier wiederholen muß, weil Tag für Tag Tausende von Verkäufern immer wieder dagegen verstoßen.

Eingangs habe ich gesagt: Der Verkäufer **möchte siegen,** der Power-Seller **will gewinnen.** Es ist nicht nur das „möchte“ und das „will“, was den Power-Seller heraushebt, sondern auch das **„gewinnen“.**

Verstehen Sie mich richtig: Gewinnen bedeutet hier: **den Kunden gewinnen,** einer vom Power-Seller vorgeschlagenen Transaktion mit Freude zuzustimmen.

Wenn das passiert, hat der Power-Seller einen Freund gefunden. Denn es beinhaltet, daß der Kunde im tiefsten Inneren überzeugt das Geschäft abgeschlossen hat. Er ist dem Power-Seller letztlich für dessen Tätigkeit sogar noch dankbar. So hat auch der Kunde gewonnen.

Ist das nicht schöner und langfristig wirksamer, als wie bisher einen Gegner zu besiegen oder zu schlagen?

3. Die Gabe des Showtalents

Bislang haben Sie den Power-Seller als Edelmenschen erlebt. Was er nicht alles kann! Wie stark und fähig er doch ist! Nun, es ist an der Zeit, in die versteckten Gewölbe der Psyche des Power-Sellers hinabzusteigen!

Jetzt darf ich Ihnen auch eine weitere wichtige Deutung des Wortes „gewinnen" nicht länger vorenthalten, weil sie auf direktem Wege zum dritten grundlegenden Merkmal des Power-Sellers führt: die Lust am Gewinn kleiner, vom Power-Seller unmerklich inszenierter Spielchen. Wobei er das Gewinnen dadurch unterstützt, indem er hier und dort schnell noch einen kleinen Trick anwendet.

Ich behaupte einmal: Der Power-Seller ist in seinem Inneren auch ein überzeugter Showmaster, auch wenn er das sich selbst gegenüber ungern eingesteht und sich lieber als begnadeten Regisseur oder Inszenator sieht.

Auf jeden Fall ist der Power-Seller auch ein Mensch, der gern manipuliert (die Bedeutung des Wortes habe ich auf Seite 54 schon erwähnt), kleine oder große Spiele inszeniert und sich darüber freut, wenn es geklappt hat, wenn er gewonnen hat.

Power-Seller sind Gewinner, weil sie neben Lebensfreude und kommunikativem Können eine ausgeprägte schauspielerische

Ader besitzen. Dieses Talent beschränkt sich keineswegs auf die eigene Darstellung, sondern umfaßt die Freude am Theaterspiel insgesamt.

Für den Power-Seller ist die Welt eine Bühne, auf der er jeden Tag in einem anderen Stück und mit anderen Mitspielern auftritt und gekonnt agiert.

Die Mitspieler, das sind die Kunden.
Je nach ihren Fähigkeiten werden sie vom Power-Seller auf der Bühne hierhin oder dorthin dirigiert, dürfen sie diesen oder jenen Dialog mit ihm führen, stehen mal im Licht, mal im Dunkeln.

Der Power-Seller baut jeden Tag ein neues Bühnenbild auf: So sitzt er mal auf einem turmhohen Stuhl und blickt auf seinen Mitspieler herab, ein andermal steht sein Mitspieler auf einem Denkmalsockel und der Power-Seller zieht den Hut, verneigt sich respektvoll. Manchmal stehen Klassiker auf dem Spielplan, manchmal absurdes Theater.

Der Power-Seller inszeniert, führt Regie und erhält den Beifall für die geglückte Aufführung.

Was um so erstaunlicher ist, als das Stück zwar wechselnde Handlung, aber stets den gleichen Inhalt hat. Den Titel verrät er nie, obwohl ihn jedes Schulkind kennt. Dafür hat er gute Gründe.

Denn der Power-Seller, so tugendsam und mildtätig er sich auch gibt, ist gleichzeitig auch ein überaus cleverer und schlauer Fuchs: Er dreht es immer so, daß er die Gans niemals zu stehlen braucht.

Die Gans kommt stets freiwillig mit!

Kurze Anatomie des Power-Sellers

Ich glaube, Sie haben sich bereits ein gutes Bild von den grundlegenden Persönlichkeitsmerkmalen des Power-Sellers machen können.

Die drei Faktoren, die ich genannt habe, sind in der Tat „Essentials“, die wesentlichen Bausteine einer Power-Seller-Persönlichkeit.

Selbstverständlich reichen sie nicht aus, einen Power-Seller hinlänglich zu beschreiben. Bedenken Sie auch, daß diese Verkäufer-Spezies kein Übermensch ist. Auch Power-Seller sind letztlich Menschen wie du und ich.

Deshalb hat auch jeder Power-Seller – abgesehen von der durch die jeweilige Situation erforderlichen Flexibilität – seine eigenen Methoden, seine individuelle Vorgehensweise.

Dennoch gibt es eine Reihe ganz spezifischer Eigenschaften, die allen Power-Sellern gemeinsam sind. Das heißt, alle Power-Seller verbindet eine gemeinsame innere Einstellung und Denkweise.

Was Sie jetzt lesen, sind Erkenntnisse aus vielen Jahren, die ich in der Umgebung von Power-Sellern gesammelt habe; Ergebnisse von Studien am „lebenden Objekt“ in der täglichen Praxis der Kundengespräche; Destillate aus Hunderten von Workshops und Dutzenden von freundschaftlichen Gesprächen mit Power-Sellern.

Ich habe festgehalten, welche Eigenschaften, innere Einstellungen und Vorgehensweisen alle jene Power-Seller verbindet, und bitte Sie, die nachfolgenden Sätze möglichst langsam und sorgfältig zu lesen.

Es gibt Ihnen gleichzeitig Gelegenheit, von Absatz zu Absatz ehrlich zu überprüfen, wie weit Sie auf dem Weg vom Verkäufer zum Power-Seller bereits fortgeschritten sind oder welche Strecke Sie noch zurücklegen müssen.

Der Power-Seller und seine innere Einstellung

- Der Power-Seller liebt den **Erfolg.** Der Erfolg ist sein Lebenselixier. Aus dem Erfolg von heute erwächst dem Power-Seller der Erfolg von morgen. Der Power-Seller ist der lebende Beweis für die Wirksamkeit der Philosophie: **Erfolg – Freude am Erfolg – Spitzenerfolg.**

- Der Power-Seller **liebt alle Menschen,** auch die, die sich ihm gegenüber „schwierig" verhalten. Grobes, ungehobeltes oder arrogantes Verhalten der Kunden fördert nur seinen Ehrgeiz, auch gegen scheinbar widrige Umstände zu gewinnen.

- Der Power-Seller besitzt die feste Überzeugung, seinem jeweiligen Kunden gut „verkaufen" zu müssen und überträgt das Gefühl auf ihn, ein besonderer Kunde zu sein. Der Power-Seller hat die besondere Fähigkeit, **das Selbstwertgefühl des Kunden** aufzubauen. Meine eigene Erfahrung ist: Dem Power-Seller macht es Freude, seine Geschäftspartner positiv darzustellen, die guten Seiten in ihnen zu entdecken und hervorzuheben.

- Der Power-Seller ist von sich selbst und seinem Produkt überzeugt und kann deshalb seine Überzeugung besonders wirksam auf den Kunden ausstrahlen.

- Der Power-Seller macht das Geschäft unter allen Umständen, weil er **die Belohnung des Gewinnens** für sich selbst braucht – weil er es seinem Ego einfach schuldig ist, stets zu gewinnen.

Aus dieser inneren Haltung resultiert eine überlegene, wohlwollende Einstellung zum Kunden, die jedoch nicht mit Überheblichkeit zu verwechseln ist. Der Power-Seller vermittelt dem Kunden vielmehr die Überzeugung, mit einem erfahrenen Berater im gleichen Boot zu sitzen und dort als Kapitän respektiert zu werden.

Wenn der Power-Seller zum Kunden geht, glaubt er fest daran, daß ihn keine Macht der Welt vom Erfolg abbringen kann. Sein Selbstbewußtsein hat auch den kleinsten Rest von Angstgefühlen (etwaiges Versagen) ausgelöscht. In diesem Moment ist der Power-Seller 100prozentig positiv gestimmt.

Der Power-Seller weiß, daß es keinen Kunden gibt, der gern Geschäfte mit einem Halbprofi machen würde, wenn er mit einem Vollprofi verhandeln könnte. An dieser Erkenntnis mißt er die hohen Ansprüche an sich selbst und verhält sich entsprechend.

Der Power-Seller weiß, daß er der Beste auf seinem Verkaufsgebiet ist, jedoch auch mit Rückschlägen rechnen muß, die er aber gut wegstecken kann.

Wenn dies durch eigenes Verschulden geschieht, hat er den Mut, sich das einzugestehen. Er analysiert das Problem schonungslos und gewinnt daraus die Kraft, beim nächsten Kunden erneut sein Bestes zu geben. Denn in jedem Fehlschlag steckt schon der Keim für den nächsten Erfolg.

Der Power-Seller weiß in seinem Innersten, daß er ein besonderer Mensch ist. Dieses Selbstvertrauen gibt ihm die innere Kraft, der Beste zu sein und zu bleiben.

Der Power-Seller hat eine klare, langfristige Orientierung seines Lebens, seiner Ziele. Er prüft sich jeden Tag aufs neue, ob diese Ziele noch gelten. Denn er ist derjenige, der sie verwirklichen soll oder daran scheitern wird.

Der Power-Seller hat gelernt, mit seinen Kräften umzugehen. Er arbeitet sehr hart im Verkauf, aber er geht genauso diszipliniert mit seiner Freizeit um und gönnt sich Pausen.

Der Power-Seller will gewinnen. Er weiß: Wenn er seine Kräfte gesammelt hat, wird er gewinnen. Der Power-Seller hat die Fähigkeit, in sein Inneres zu blicken und instinktiv zu wissen, wann der beste Zeitpunkt gekommen ist, den wichtigen Kunden zu besuchen.

Der Power-Seller und sein Vorgehen

Der Power-Seller verkauft primär weder sein Produkt noch seine Dienstleistung, sondern **sich selbst.** Innerhalb weniger Minuten hat er den Kunden überzeugt, dem kompetentesten und besten Berater gegenüberzustehen.

Weil er der Beste ist, um mit einem Bild zu sprechen, tritt der Power-Seller auch überall wie ein König auf, handelt wie ein König – egal, ob er sich in einer Telefonzelle befindet oder in einem Präsentationsraum mit vielen Zuhörern.

Das heißt: Ein König weiß um seine Bedeutung, beherrscht seine Umgebung. Er kann sparsam sein mit seinen Gesten, abwägend in seiner Ausdrucksweise.

Jedes Wort, jede Geste des Power-Sellers strahlt absolute Selbstsicherheit aus – nichts ist zuviel oder übertrieben. Nichts wirkt einstudiert, weil der Power-Seller aus dem Zentrum seiner Selbstsicherheit heraus spontan und somit überzeugend agiert.

Der Power-Seller verfügt über ein mächtiges Verkaufsinstrument – **das Gefühl.** Er setzt dieses Instrument mit Berechnung ein, aber aus innerer Einstellung und Klugheit verwendet er es stets zum Nutzen des Kunden.

Der Power-Seller handelt wie ein Stratege am Schachbrett: Die Auftritte sind bis ins letzte Detail sorgfältig geplant, die Marschroute wird bis zum Abschluß durchgehalten.

Die Strategien des Power-Sellers besitzen nur und stets positive Elemente: Es gilt nicht, den Kunden zu überrumpeln, sondern mit ihm gemeinsam an einem vorbestimmten Ziel anzukommen.

Der Power-Seller praktiziert wie ein Arzt: Er diagnostiziert den Kunden, legt sein Befinden offen und weiß, welche Therapie dem Kunden gut tut. Er sagt dem Kunden ganz offen, daß er eine Medizin benötigt und er, der Power-Seller, sie ihm jetzt verschreiben wird, damit er gesund wird.

Beim Abschluß handelt der Power-Seller oftmals wie ein Chirurg: Ein paar schnelle Schnitte, und der „Patient" fühlt sich so wohl wie lange nicht mehr.

Der Power-Seller inszeniert seine Erfolge. Die reale Welt ist seine Bühne, auf der er sich wirkungsvoll in Szene setzt und seine Triumphe feiert. Ohne Mitspieler, die Kunden, wäre das Spiel nicht denkbar.

Der Reiz dieser Spiele liegt darin, daß zwar der Ausgang in der Vorstellung des Power-Sellers feststeht, der Mitspieler (der Kunde) den Weg dorthin aber nur durch die überlegene und gekonnte Regie des Power-Sellers finden wird.

Eine Herausforderung, die der Power-Seller für sein Lebensgefühl braucht wie andere Essen und Trinken – und der er sich jeden Tag aufs neue mit Freude und Begeisterung stellt.
Denn wie ein Schauspieler den Beifall, benötigt der Power-Seller immer wieder die Bestätigung durch den Erfolg. Ich habe festgestellt, daß das auf alle Power-Seller zutrifft.

Der Power-Seller und sein Auftreten

Der Power-Seller ist überzeugt, daß er gut ist, und er zeigt es durch sein sicheres Auftreten, geschmackvolle Kleidung, gute Umgangsformen und eine positive Einstellung zu sich selbst.

Der Power-Seller ist eine Persönlichkeit, die einfach jedem gut tut – er ist ein Katalysator, der positive Reaktionen in Gang setzt und auch in der Lage ist, ein negatives Klima in ein positives umzuwandeln.

Der Power-Seller strahlt beim Betreten eines Raumes Selbstvertrauen aus, baut zuerst Vertrauen und Sympathie auf, das der Kunde haben muß, bevor ein Geschäft überhaupt getätigt wird. Er gibt dem Kunden das sichere Gefühl, daß er den Worten des Power-Sellers unbedingt Glauben schenken darf.

Der Power-Seller vergißt nie die Bedeutung des ersten Augenblicks. Er weiß, daß er leichter verkaufen kannn, wenn – ohne daß ein Wort gesprochen wurde – **der allererste Eindruck positiv ist.** Er setzt alles daran, dieses zu erreichen und schon von Anbeginn Herr der Situation zu sein.

Der Power-Seller verstellt sich nicht, sondern setzt seinen persönlichen Stil ein und verfügt über die Souveränität, auch kleine Schwächen nicht zu verbergen, die ihn sympathischer, „menschlicher“ machen.

Der Power-Seller kann jeden Einwand entkräften – denn es ist seine Stärke, Fragen überzeugend zu beantworten, und sein unerschütterlicher Wille, einen Abschluß zu tätigen. Er studiert genau seinen Gesprächspartner, entwirft ein Positiv-Negativ-Raster, entwickelt eine Argumentationskette, um diese im richtigen Moment anzuwenden.

Der Power-Seller kann sein Verhalten jederzeit an seine Umgebung anpassen, in der er sich gerade befindet. Das führt er so überzeugend vor, daß er das Gefühl erweckt, er gehöre zur vertrauten Umgebung des Kunden. Der Kunde hat im Nu das Gefühl, er würde den Power-Seller schon seit Jahren kennen.

Der Power-Seller bringt es fertig, daß auch ein völlig Fremder (der Kunde) ihn nach kurzer Zeit als Freund und Wohltäter ansieht. Er weiß ganz genau, daß er im Erstgespräch nicht viel mehr als sieben Minuten Zeit hat, seinen Kunden von sich selbst und seinem Produkt zu begeistern und zu überzeugen.

In diesen ersten wichtigen sieben Minuten baut der Power-Seller die entscheidende Sympathiebrücke und Vertrauensbasis auf!

Kein Kunde kann am Anfang des Gespräches die fachliche Qualifikation eines Verkäufers beurteilen, aber sofort sein Verhalten!

Denn:

Man bekommt niemals eine zweite Chance, um einen ersten Eindruck zu machen.

Kapitel 4

Der Power-Seller in Ihnen

Think big! Think positive!

Es ist jetzt an der Zeit, Ihnen einen Menschen vorzustellen, der aufgebrochen ist, sich die Magie des Power-Selling anzueignen.

Dieser Mensch sind Sie!

Ihr Weg dorthin ist vielleicht nur noch kurz, möglicherweise müssen Sie noch eine längere Wegstrecke zurücklegen, auch kann es sein, daß Sie niemals ankommen werden. Niemand – außer Ihnen – kann das heute zuverlässig beurteilen, denn es hängt ganz allein von Ihnen und Ihrer Bereitschaft ab, diesen Weg zu gehen!

Überlegen Sie jetzt, was das bedeutet: Niemand wird sich Ihnen in den Weg stellen, wenn Sie heute beschließen, Eigenschaften und Fähigkeiten des Power-Sellers zu erwerben.

Sie allein sind der Meister Ihres Schicksals!

Wenn Sie sich für diese Chance entscheiden, die nicht nur Ansehen und Erfolg, sondern auch ein sorgenfreies und innerlich erfülltes Leben verspricht, wird Sie niemand aufhalten können.

Im Gegenteil: Sie werden feststellen und erfahren, daß Ihnen unterwegs immer mehr Menschen helfen, Ihre Ziele zu erreichen, ja, Ihnen sogar Platz machen.

Die Treppe, auf der Sie an die Spitze gelangen, ist keine Rolltreppe. Sie müssen Stufe für Stufe selbst erklimmen. Das Tempo, das Sie sich dabei zumuten, ist anfangs völlig nebensächlich. Unendlich wichtiger ist, daß Sie mit dem ersten Schritt beginnen.

Am besten ist, Sie beginnen damit hier,
jetzt und heute – also sofort!

In dem Maße, wie Sie Feuer fangen und vom Erfolg beflügelt werden, ergibt sich von selbst, daß Sie immer schneller voranschreiten.

Nichts erzeugt mehr Erfolg als der vorangegangene Erfolg. Die Begeisterung, die Sie erwerben und auf andere Menschen ausstrahlen werden, wird tausendfach zu Ihnen zurückkehren und Sie erneut stärken und beflügeln!

Im vorherigen Abschnitt habe ich von der ungeheuren Lebensfreude und der Willensstärke gesprochen, die dem Power-Seller zu eigen sind und aus denen sich Eigenschaften wie Zielstrebigkeit, Durchsetzungsvermögen, auch Kampfgeist ableiten.

Niemand, auch der Power-Seller nicht, wird als fertiger Mensch geboren. Der Mensch benötigt, im Gegensatz zu allen anderen Lebewesen, eine sehr lange Entwicklungsphase für Geist und Gefühle, die seine Handlungen bestimmen, mit denen er sie steuert.

Denn:

Erfolge sind gelöste Probleme!

Aber jeder hat die Chance, an sich zu arbeiten, aus sich im Sinne des Wortes einen einzigartigen Menschen zu formen! Der Power-Seller bezieht seine überlegene Stärke allein aus seinem Geist. Wir werden sehen, wie er das macht, und wie er einen mächtigen Verbündeten einsetzt – sein Unterbewußtsein.

Wenn ich eingangs sagte, nur Sie selbst könnten beurteilen, was in Ihnen steckt, so ist das sowohl zutreffend wie auch falsch. Richtiger ist, daß viele Menschen andere oftmals besser kennen als sich selbst.

Im Umkehrschluß: Andere kennen Sie oft besser als Sie sich selbst. Sie müssen mit aller Wahrscheinlichkeit noch daran arbeiten, sich selbst besser kennenzulernen!

Warum wissen Sie so wenig über sich selbst, wozu Sie eigentlich fähig wären? Die Antwort: Der Mensch schreckt häufig ängstlich davor zurück, neue Erfahrungen zu sammeln. Es ist bequemer, auf dem eingefahrenen, vertrauten Weg zu bleiben, denn scheinbar ergeben sich so weniger Probleme, mit denen man sich herumschlagen müßte.

Doch wie und was wir heute denken, wird unsere Zukunft gestalten! Um uns herum häuft die Wissenschaft Erkenntnis auf Erkenntnis. Aber was wissen wir über uns, über das eigene Ich?

Äußerlichkeiten sind uns wichtig: schöne Kleider, ein ansehnlicher Körper. Das ist uns viel Geld wert. Aber die Fortentwicklung unseres Geistes – was ist uns das wert? Läßt es sich überhaupt in Geldwert messen?

Ständig lernen wir – aber lernen wir genug? Halten Sie sich einmal einen „normalen“ Lebensweg vor Augen: In der Schule haben wir lesen gelernt, etwa im Alter von 7 Jahren. Durchschnittlich mit 26 Jahren treten wir in das Erwerbsleben ein, ernähren eine Familie.

Aber mit 65 Jahren sind die meisten Menschen finanziell immer noch nicht unabhängig. (Anmerkung des Autors: Bitte werfen Sie einen Blick auf die Grafiken, die diese Aussage unterstreichen!)

Woran liegt das? Es liegt daran, daß der einzelne vielfach nicht lernt, selbständig zu denken, zu entscheiden!

Mit 25 Jahren

beginnen 500 junge Menschen eine berufliche Laufbahn.

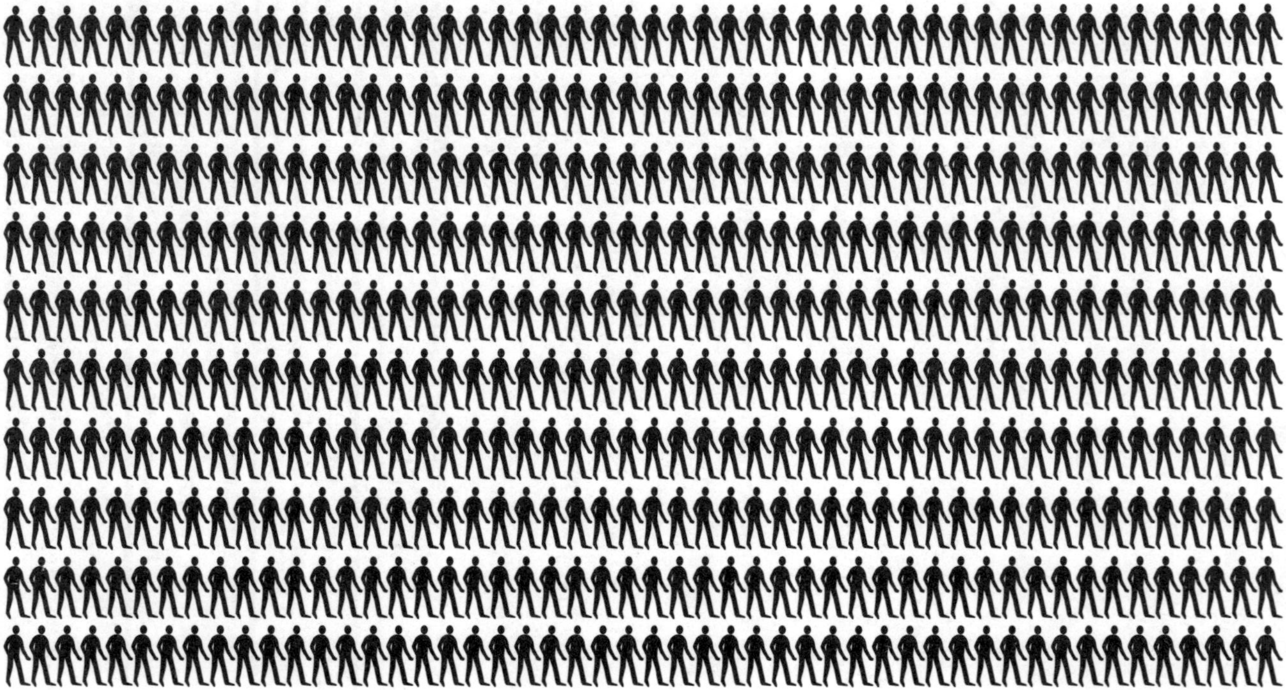

Was wird aus ihnen werden?

Mit 65 Jahren

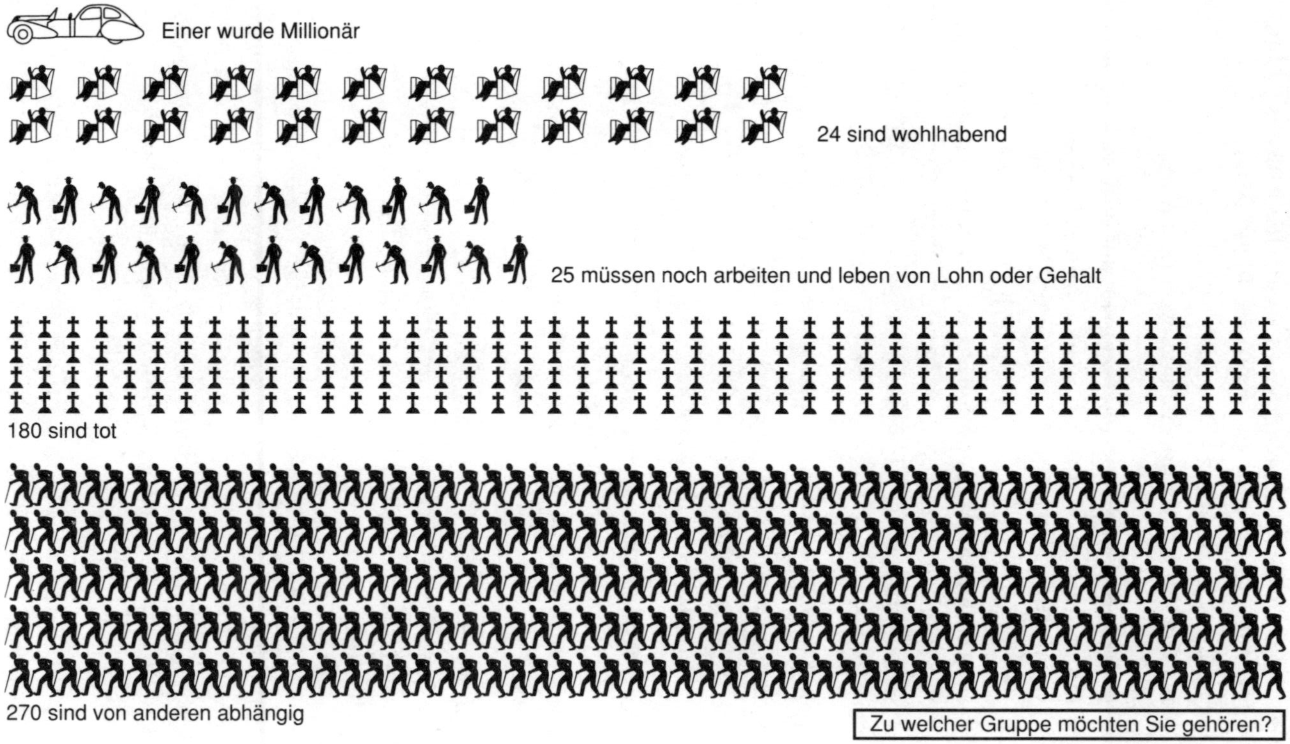

Wir denken ganz einfach viel zu wenig über unsere Fähigkeiten nach und wie sie uns zu einem nachhaltigen Erfolg im Leben verhelfen könnten! Dabei verspürt doch jeder den unbewußten Wunsch nach Erfolg und Unabhängigkeit im Leben!

Wie sagte der englische Dichter Alexander Pope? „Das richtige Studium für den Menschen ist der Mensch. Dieses Studium ist zugleich auch das wichtigste. Der Mensch in seiner komplizierten Machart besitzt als Besonderheit in seiner menschlichen Natur großartige Fähigkeiten. Leider erinnert er sich selten solcher Fähigkeit oder kennt nicht deren Wert. Dennoch vermietet er sich täglich beispielsweise in seiner Arbeit. Er stellt sich zur Verfügung."

In Ihrem Freundeskreis oder in Ihrem täglichen Arbeitsumfeld beobachten Sie doch ziemlich genau, wie andere Menschen in bestimmten Situationen auftreten und reagieren. Und sie wissen, welche Reaktionen dieses Auftreten bei Ihnen auslöst.

Meist jedoch haben diese Beobachtungen keine Konsequenzen. Als höflicher Mensch sagen Sie den Betreffenden wohl selten direkt ins Gesicht, wie diese oder jene Verhaltensweise auf Sie wirkt.

Die anderen verfahren mit Ihnen genauso. Es fehlt also die Kritik. Die wird üblicherweise nur laut, wenn in Abwesenheit des Betreffenden oder hinter seinem Rücken getratscht oder genörgelt wird.

Wie oft überlegen Sie denn, welche Reaktionen Ihr eigenes Verhalten bei anderen Menschen auslöst? Wahrscheinlich selten. Die meisten Menschen haben ihr Leben und das persönliche Umfeld so eingerichtet, daß sich alle aneinander „gewöhnt" haben – es wird ihnen kaum noch bewußt, wann sie sich positiv oder negativ verhalten.

Kennen Sie den vollen Umfang Ihrer positiven und negativen Wirkungen auf andere? Ich behaupte: nein. Es wird Ihnen bestenfalls in Extremsituationen vorübergehend bewußt, daß alle Ihre Handlungen auf andere Menschen eine bestimmte Wirkung ausstrahlen.

Beispielsweise wissen Sie instinktiv, daß Sie bei einem Bewerbungsgespräch einen „guten Eindruck“ machen müssen. In diesem Moment möchten Sie, daß alles, was Sie sagen, Ihr Auftreten und Ihre Sprechweise eine Wirkung auf andere ausüben. Und Sie sind bemüht, daß diese Ausstrahlung eine möglichst positive ist.

Diese Erkenntnis geht im allgemeinen schnell vorüber. Und schon sind Sie wieder die Person, die Sie auch schon vor dem Bewerbungsgespräch waren. Was immer Sie in unserem Beispiel kurzfristig auf andere wirken lassen wollten (Tatkraft, Überlegenheit, Wissen, Höflichkeit, Selbstsicherheit, Durchsetzungsvermögen etc.) – wäre es nicht schön, fortan mit diesen Eigenschaften Tag für Tag, Stunde für Stunde durchs Leben zu gehen?

Weil Sie im Unterbewußtsein ahnen, daß die Konsequenzen dieses Gedankens mit Opfern, zumindest mit unbequemen Anstrengungen verbunden sind, gehen Sie zur Tagesordnung über, verfallen Sie wieder in den „gewohnten Trott“.

Sie müßten nämlich etwas sehr Schwerwiegendes tun: Sie müßten für sich selbst Verantwortung übernehmen. Sie müßten die Erkenntnis akzeptieren, daß es allein an Ihnen liegt, wie Ihr Leben, privat wie geschäftlich, fortan verläuft.

Eine Erkenntnis, die zu verinnerlichen Mut, Zeit und Entschlußkraft erfordert. Denn, nicht wahr, es ist doch viel bequemer, die Verantwortung auf andere Personen und Umstände abzuschieben?!

Es liegt an den anderen, am „Schicksal“, wenn es bei Ihnen nicht gut läuft. Es ist eben tausendmal einfacher, über „no future“ zu klagen, als sich selbst in die Verantwortung zu nehmen, zur selbstbestimmten Handlung zu schreiten.

Manche Verkäufer sind Weltmeister auf dem Gebiet der Schutzbehauptungen. Bei Mißerfolgen liegt es stets am schlechten Produkt, am uneinsichtigen Kunden oder an der eigenen Firma – nur er, der Verkäufer, ist nie dran schuld.

Stimmt es nicht nachdenklich, daß Hunderttausende jeden Tag alle erdenklichen Mühen auf sich nehmen, um ihre Muskeln schwellen zu lassen oder körperliche Fitness zu verbessern, aber nur wenige sich zu vergleichbaren Anstrengungen aufschwingen können, aktiv an der Entwicklung ihrer Persönlichkeit zu arbeiten?

Ihr Unterbewußtsein bestärkt Sie gern in der passiven Haltung. Sie dürfen ihm freilich keine Vorwürfe machen: Jahrelang (vielleicht schon seit Ihrer Kindheit und Schulzeit!) hat es vorwiegend nur Signale in dieser negativen Richtung von Ihnen empfangen, verstärkt und ausgeführt.

Stellen Sie sich aber einmal vor, Sie beginnen noch heute, Ihr Unterbewußtsein nur noch mit positiven Gedanken zu „füttern“. Tag für Tag, Monat für Monat. Sie allein entscheiden auf einmal, Ihrem Unterbewußtsein nur noch positive Gedanken zukommen zu lassen.

Was Sie auf diese Weise Ihrem Geist einprägen, kann sich in naher Zukunft realisieren! Die Voraussetzung ist:

> Sie müssen an die Funktion Ihres Unterbewußtseins glauben! Was Sie auf diese Weise denken, wird schließlich alle Phasen Ihres Lebens bestimmen!

Wie immer diese positiven Gedanken aussehen mögen – sie werden sich eines Tages in Wirklichkeit umsetzen! Alles, was Sie tun müssen, ist, von der Wirksamkeit Ihres Unterbewußtseins überzeugt zu sein! *„Menschen schaffen Verhältnisse und Umstände, und sowohl geistig als auch wirtschaftlich ist jeder seines eigenen Glückes Schmied“,* hat der englische Philosoph Thomas Carlyle erkannt. Glauben Sie an den Erfolg – und Sie werden Erfolg haben!

Und Abraham Lincoln, der immer noch bekannteste Präsident der Vereinigten Staaten von Amerika, konstatierte knapp und trocken: *„Die meisten Menschen sind so glücklich, wie Sie sein wollen.“* Wer glücklicher sein will, wer erfolgreicher sein will als bisher, muß dies denken und empfinden, ganz tief im Inneren. Glauben Sie fest an den Erfolg, teilen Sie dies ständig Ihrem Unterbewußtsein mit, werden Sie zwangsläufig Erfolg haben!

Denn Ihr Unterbewußtsein wird das gleiche machen, was es bislang auch geleistet hat. Aber jetzt weiß es, daß Sie in Wahrheit ein begeisterter, optimistisch in die Zukunft blickender Mensch sein wollen und wird unermüdlich all jene positiven Gedanken verstärken, die es von Ihnen reichlich empfängt, und alle negativen unterdrücken. Ergebnis: Sie werden in Zukunft mehr Erfolg haben!

Ihr unsichtbarer, mit mächtigen Kräften ausgestatteter Partner war schon immer da. Er „wußte“ nur nicht, was Sie eigentlich wollten. Jetzt, wo Sie ihn gefunden haben, hilft er Ihnen auf eine schier unglaubliche Weise, die Ziele Ihres Lebens erfolgreich zu verfolgen.

Er gibt Ihnen neue Lebensfreude, er stärkt Ihr Selbstbewußtsein, er erfüllt Sie mit Tatkraft und Durchsetzungsvermögen. Dieser Partner wird Sie zu einem Menschen voller Begeisterung werden lassen, der wiederum andere Menschen begeistern und überzeugen kann. Dieser „Freund“ ist der mächtigste Verbündete des Power-Sellers. Ohne ihn werden Sie niemals in die elitäre Spitzenklasse gelangen.

Was würden Ihnen alle wertvollen Hinweise und Erkenntnisse über Auftreten und Vorgehensweise des Power-Sellers in diesem Buch nützen, wenn Sie diese Erkenntnisse nicht selbst mit Leben, mit Ihrer Persönlichkeit ausfüllen könnten?

Also reichen Sie Ihrem Partner die Hand, fangen Sie an, mit Ihrem Unterbewußtsein zu sprechen. Eine überraschende Entdeckung wartet auf Sie: Sie können und werden ihm sogar Befehle erteilen. Mit dem Ergebnis, daß Sie Ihre Erfolge verdoppeln oder verdreifachen. Also: Think big! Think positive!

Viele Menschen haben eine völlig falsche Auffassung von ihrem Unterbewußtsein, das materiell überhaupt nicht existiert. Am besten stellen Sie es sich als eine Art fließende Gedankensammlung vor, die immer wieder angestoßen werden will, damit sie in Bewegung bleibt und die Richtung behält.

Dem Unterbewußtsein ist es völlig gleichgültig, was Sie denken. Es ist – im Gegensatz zum bewußten Denken – kein Kontrollorgan. Es nimmt widerspruchslos alles auf und gibt es im „Bedarfsfall“ genauso wieder ab. Hier liegt die Quelle vieler Mißverständnisse. Das Unterbewußtsein unterscheidet und sortiert an sich nicht nach gut und böse, richtig oder falsch.

Das Unterbewußtsein ist ganz einfach ein dienstbarer Geist. Seine Funktion besteht als eine Art Zwischenspeicher darin, daß es Ihr bewußtes Denken von Informationen freihält, die zwar benötigt, aber nicht ständig bereitgehalten werden müssen. Wenn das nicht so wäre, hätten Sie zu jeder Zeit zehn- oder hunderttausend Gedanken im Kopf und könnten gar nicht mehr kreativ denken.

Wenn Sie ständig nur negative Gedanken, Befürchtungen und Sorgen in Ihrem Bewußtsein herumtragen, nimmt das Unterbewußtsein automatisch an, daß Sie so zu denken und zu existieren wünschen.

Es wird Ihr bewußtes Denken und Verhalten nur mit entsprechenden negativen Inhalten versorgen und verstärken. Schon Martin Luther hat dies erkannt: *„Wer sich vor der Hölle fürchtet, der fährt hinein.“*

Denken Sie an die biblische „Hiobsbotschaft“: Hiob war ein Mensch, der stets schlechte Nachrichten befürchtete – bis diese dann in der Tat ganz dick auf ihn niederprasselten.

Das Unterbewußsein arbeitet mit Bildern, und es kann diese Bilder „materialisieren“. Aus der Medizin ist zweifelsfrei bekannt, daß Menschen, die ständig um Ihre Gesundheit fürchten, tatsächlich auch krank werden.

Achtzig Prozent aller Krankheiten seien seelisch bedingt, behaupten manche Mediziner. Und umgekehrt gibt es zahllose Fälle, in denen Menschen sich mit der Kraft ihres Unterbewußtseins geradezu „gesundgedacht“ haben.

Denn das ist das Wunderbare: Versorgen Sie Ihr Unterbewußtsein nur noch mit positiven Gedanken, wird es annehmen, daß Sie ein freudiger, lebensbejahender, erfolgreicher Mensch sein möchten, der nach geistigem und materiellem Reichtum strebt.

Schon tut es alles, um Ihre Vorstellungen zu verstärken, um Ihre Bilder zu „materialisieren“. Zu diesem Thema gibt es viele Erkenntnisse, die in Büchern festgehalten sind. Alle stimmen darüber ein, daß die Wirkung umso stärker ist, je mehr Gedanken-Bilder Sie Ihrem Unterbewußtsein mitteilen und je öfter Sie dies tun.

Eine weitere erstaunliche Erfahrung lautet:

Wenn Sie Ihrem Handeln Gedanken-Bilder vorausschicken, werden diese Vorstellungen eintreffen! Vorstellung schafft Wirklichkeit!

Die ständige Wiederholung einer Vorstellung wandelt Ihr Unterbewußtsein zur Überzeugung um. Die Überzeugung führt zum zielgerichteten Handeln. Das Denken ist das, was Sie bestimmt. Negatives Denken führt zu negativen Handlungen, positives Denken führt zu positiven Handlungen.

Wichtige Nachrichten an Ihr Unterbewußtsein

- ❑ Ich lege alles ab, was mich belastet, was mich kränkt, was mich verletzt. Ich mache mich frei von allen negativen Gedanken Ich kann es, weil ich es will.
- ❑ Ich entlasse alle negativen Suggestionen aus meinem Bewußtsein. Ich fühle mich wohl und bin voll Freude und positiver Erwartung.
- ❑ Ich behandle jeden Menschen, auch mich, als sei er der wichtigste Mensch der Welt.
- ❑ Ich sehe erfolgreich aus. Ich handle, als wenn ich schon die Persönlichkeit wäre, die ich gern werden möchte.

- ❑ Ich begrüße jeden neuen Tag fröhlich und mit dem Wissen, daß ich ihn erfolgreich beenden werde. Was ich mir vorgenommen habe führe ich an diesem Tage durch.
- ❑ Von Tag zu Tag habe ich neue, bessere Ideen, die mir und anderen großen Nutzen bringen.
- ❑ Ich lasse mich durch nichts und niemanden aus dem Gleichgewicht bringen.
- ❑ Ich mache mir keine Sorgen um den kommenden Tag. Ich weiß, daß ich ihn erfolgreich beenden werde.
- ❑ Mein Selbstbewußtsein wächst und wächst. Es ist mein ständiger Begleiter.
- ❑ Ich begegne anderen Menschen voller Vertrauen und Begeisterung.
- ❑ Ich betrachte meine Wünsche als Realität und weiß, daß sie Realität werden.
- ❑ Was ich tun will, tue ich gleich.
- ❑ Ich bin frei von Angst und Sorgen, weil ich weiß, daß ich alle Probleme meistern kann.
- ❑ Ich weiß, was ich will! Ich weiß, daß ich es kann! Ich werde meinem Leben Sinn und Inhalt geben.
- ❑ Bitte beachten Sie: Ihr Unterbewußtsein kann jeden Gedanken realisieren, wenn Sie nur wollen. Die ständige Wiederholung Ihrer Vorstellung wird zum fesen Glauben. Der feste Glaube führt zur Tat.

Sie sind das, was Sie denken und sich vorstellen!

Haben Sie keine gute Meinung von sich selbst, werden Sie kaum ein selbstbewußter Mensch werden. Wird Ihr Denken von allen möglichen Ängsten bestimmt, gehen Sie verschüchtert durchs Leben. Denken Sie immerfort an Unglück, wird das Unglück Sie bald besuchen.

Der einzige Grund, warum das Leben vieler Menschen so alltäglich verläuft, liegt darin, daß sie sich der Bedeutung und Kraft ihres Denkens überhaupt nicht bewußt sind!

Ihr Denken beeinflußt Ihr Auftreten und Aussehen, Ihre Gesundheit, Ihren Erfolg und vieles andere mehr! Sobald Sie die Wahrheit, die in diesem Satz liegt, wirklich akzeptieren, bleibt Ihnen doch gar nichts anderes übrig, als nur noch positive Gedanken zu formulieren!

Deshalb werden Sie sich jetzt sofort von allen negativen Gedanken und Einflüssen trennen! Sie werden fortan negative Gedanken weder gegen sich selbst noch gegen andere richten! Think positive!

Statt dessen wählen Sie das Positive, das Schöne, die Freude und den Erfolg. Sie werden schon nach kurzer Zeit eine starke Begeisterung spüren und in der Lage sein, andere zu begeistern!

Sie haben bemerkt, daß ich Sie mit Suggestionen angesprochen habe. Auf ähnliche Weise werden Sie fortan Gedanken in Ihrem Unterbewußtsein ablegen.

Eine der ersten Suggestionen wird sein, daß Sie fest von den Kräften und der Macht des positiven Denkens überzeugt sind. Alle Zweifel sind verflogen, haben sich in Nichts aufgelöst!

Positives Denken ist keine Angelegenheit des Vernunftdenkens oder intellektueller Lippenbekenntnisse. Es nutzt absolut nichts, halbherzig zu sagen: „So, von nun an denke ich positiv.“

Wie bei allen Fähigkeiten, die man erlernen muß, macht erst die ständige Wiederholung verschiedenster Übungen (Suggestionen, Gedankenbilder) den Meister. Erst durch ihre Wiederholung erwachsen Ihnen Sicherheit und Überzeugungskraft.

Denn erst durch die ständige Wiederholung des Positiven werden die vorhandenen negativen Prägungen in Ihrem Unterbewußtsein ausgelöscht, werden Sie zu einem Menschen, der plötzlich ganz anders auf andere Menschen zugehen kann: vertrauenserweckend, überzeugend, begeisternd, gewinnend.

Sie werden stets gewinnen, weil Sie begeistert sind von sich selbst, von den schönen Dingen des Lebens, von Ihren Mitmenschen und von dem, was Sie verkaufen.

Wer selbst begeistert ist, regt andere zum Handeln an. Begeisterung macht Sie anziehend für andere, verleiht Ihnen überzeugende Kräfte und eine positive Ausstrahlung.

Mit Begeisterung können Sie die Gedanken und Gefühle anderer Menschen beeinflussen und lenken, ohne ihnen weh zu tun. Begeisterung hilft Ihnen, Ihre eigenen Ziele zu erreichen!

Wenn Sie begeistert sind, ist die Magie des Power-Selling für Sie in greifbare Nähe gerückt! Wenn Sie sich an Ihrer Arbeit und Ihren Zielen begeistern, steckt in Ihnen ein Power-Seller!

Alles, was Sie tun müssen, ist anzufangen bewußt positiv zu denken, stets und jeden Tag.

Den wunderbaren Rest erledigt Ihre unerschöpfliche Kraftzentrale, das Unterbewußtsein, von ganz allein.

Zum Abschluß möchte ich Ihnen zum heutigen Tag gratulieren! Es ist stets ein erhebender Moment, wenn ein Mensch beschließt, sein Leben bewußt in die Hand zu nehmen, alles Negative abzustreifen, was ihn in der Vergangenheit behindert hat, alles Positive anzunehmen, das ihn in eine mit Lebensfreude erfüllte Zukunft tragen wird.

Warum ich annehme, daß Sie so handeln werden?

Weil ich ein unerschütterlich positiver Denker bin!

Lernen Sie denken wie ein Power-Seller: 42 Kernsätze des positiven Denkens

1. Die Welt ist voller Neurotiker und ängstlicher Menschen! Der Power-Seller denkt positiv und erreicht mit der Lenkung seiner geistigen Energie Gesundheit und höchste Vollkommenheit!

***

2. Der positive Mensch spricht nicht von seinen Problemen und Befürchtungen, sondern von seinen Zielen, von seinen Träumen, von seinen Wünschen.

***

3. Der Power-Seller geht nie mit dem Kopf durch die Wand, denn es gibt immer eine Tür. Wer positiv denkt, findet diese Tür.

***

4. Der positive Mensch ist nie gegen etwas, er ist stets für etwas.

***

5. Der Power-Seller erkennt genau, was er will und warum er

es will. So wird jeder Moment zu einem sinnvollen Augenblick.

***

6. Wer seine Ziele kennt und vor sich sieht, kann sie auch erreichen.

***

7. Je stärker unsere Zielbilder aufgebaut werden, desto früher erfolgt die Realisierung. Der Power-Seller weiß:

***

8. Vorstellung dieser Ziele und ihre ständige Wiederholung schaffen Wirklichkeit.
9. Wenn Sie eine Idee und ihre Umsetzung wirklich wollen, wird Ihr Unterbewußtsein Ihnen automatisch helfen.

***

10. Der Power-Seller glaubt daher nicht an den Zufall, sondern weiß, daß er es ist, der diesen Erfolg verursachen muß.

***

11. Je größer der Nutzen für andere, desto größer wird der Erfolg für Sie. Aber: Je mehr Sie für sich selbst tun, umso mehr können Sie später für andere tun!

***

12. Positive Gedanken ziehen positive Dinge an.

***

13. Wer negative Gedanken hat, muß davon ausgehen, daß sie eintreffen. Negative Gedanken sollten weder gegen andere, noch gegen sich selbst gerichtet werden.

***

14. Der positiv denkende Mensch fragt nicht: Was erwarte ich noch vom Leben, sondern: Welche Ansprüche stelle ich an das Leben und an mich?

***

15. Die bildhafte Darstellung einer bestimmten Handlungsweise an das Unterbewußtsein ist fast gleichwertig mit der Ausführung selbst.

***

16. Unser Unterbewußtsein versteht nur Bilder. Senden Sie des-

halb nur bildhafte Vorstellungen an Ihr Unterbewußtsein.

***

17. Gefühle lassen sich nicht durch rationelles Denken beeinflussen, sondern nur, indem Sie handeln.

***

18. Herrschaft über das Denken gibt Macht über Leib und Leben, sagt Gautama Buddha.

***

19. Der positiv denkende Mensch trennt sich von seinem negativen Weggefährten. Er sagt ja zum Leben, zur Freude, zum Glück, zum Erfolg.

***

20. Suggerieren bedeutet eine besondere Form des Denkens. Sie schaffen etwas Neues.

***

21. Der positiv denkende Mensch glaubt an die Erfüllung seiner Wünsche und Gedankenbilder. Solange er irgendwelche Zweifel hat, kann die Kraft seines Unterbewußtseins nicht wirksam werden.

***

22. Der Power-Seller glaubt, daß nichts in seinem Leben geschieht, ohne daß er dafür verantwortlich ist.

***

23. Die meisten Menschen sind sich der Bedeutung ihres Denkens nicht bewußt. Darum bleiben sie, was sie sind: Mitläufer.

***

24. Alles, was wir um uns herum sehen, ist aus Vorstellungen entstanden. Viele Ideen, die anfangs verlacht wurden, haben sich zu einer überzeugenden Realität entwickelt.

***

25. Jeder Mensch braucht täglich einen Kontakt zu seinem Unterbewußtsein. Nehmen Sie sich dafür einige Minuten Zeit. Sie können dann die feinen Schwingungen des Unterbewußtseins auch während des Tages hören.

***

26. Unsere Umwelt ist verschmutzt, das weiß jeder. Besonders verhängnisvoll sind die seelischen Verschmutzungen. Schützen Sie Ihr Unterbewußtsein! Es nimmt alles auf, was es hört und sieht, ohne zu differenzieren. Sie dürfen Ihrem Unterbewußtsein nur Positives zusenden!

***

27. Ihr Leben ist das, was Ihre Gedanken daraus machen.

***

28. Ein böser Mensch hat böse Gedanken. Ein negativer Mensch hat negative Gedanken. Ein Versager hat negative Gedanken. Ein erfolgreicher Mensch hat erfolgreiche Gedanken.

***

29. Beklagen Sie nie wieder unabwendbare Schicksalsschläge. Schieben Sie die Schuld für irgendwelche Fehlschläge nie wieder auf andere. Begreifen Sie, daß Sie es sind, der Ihr Leben lenkt.

***

30. Ihr Denken beeinflußt alles: Auftreten, Sprechen, Gesundheit, Ihr Aussehen, Ihr gesamtes Verhalten, Ihren Erfolg.

***

31. Der Power-Seller ist fest davon überzeugt: Jeder Gedanke, wenn er ihn nur oft genug wiederholt, wird sich realisieren!

***

32. Nur das, was Sie verstehen können, wird Ihnen weiterhelfen. Folglich müssen Sie ständig Ihr Wissen erweitern.

***

33. Das gesamte Universum besteht aus anziehenden und abstoßenden Kräften, aus positiven und negativen Schwingungen. Sie wählen das aus, was positiv auf Sie einwirkt. Als Resultat werden Sie positiv auf andere einwirken.

***

34. Der Power-Seller denkt stets daran: Er ist einzigartig! Er kontrolliert sein Bewußtsein selbst, er läßt sich nicht von außen beeinflussen!

35. Das wahre Geheimnis des Erfolges heißt Vertrauen. Es weckt alle Kräfte der Seele bei Ihnen und bei Ihren Kunden. Als erstes müssen Sie lernen, sich selbst zu vertrauen.

***

36. Jeder Mensch braucht Aufmerksamkeit, Anerkennung und Liebe. Je mehr Sie anderen davon zuteil werden lassen, desto mehr wird auf Sie zurückfallen.

***

37. Krankheit oder Kriminalität sind ein negativer Weg. Nutzen und Erfolg sind ein positiver Weg. Welchen Weg möchten Sie wählen?

***

38. Bestimmt schlummern in Ihnen besondere Fähigkeiten. Sie müssen alles daran setzen, diese Fähigkeiten zu entdecken und zu fördern. Es geht schneller, wenn Sie sich selbst überzeugen, daß Sie einzigartig sind.

***

39. Sie haben die Kraft, bewußt zu denken. Das bedeutet: Nur Sie allein können Ihr Schicksal und Ihre Zukunft gezielt beeinflussen.

***

40. Wer wie der Power-Seller positiv denkt, kann Negatives in Positives, Rückschläge und Probleme in Erfolg umwandeln.

***

41. Krankheiten sind das Ergebnis unerfüllter Wünsche. Seien Sie deshalb dem Leben gegenüber nicht undankbar. Wenn Sie dankbar sind, werden Ihre Mitmenschen Ihnen alle Türen zum Erfolg öffnen.

***

42. Glauben Sie nicht, daß Sie der einzige Mensch sind, der Probleme hat! Die entscheidende Frage ist letztlich: Habe ich ein Problem, oder bin ich das Problem? Halten Sie sich, wenn ein Problem auftaucht, stets vor Augen: Wenn Sie das Problem sind, können Sie es lösen – durch positives Den-

ken. Steckt das Problem in einer Sache, müssen Sie Ihre Einstellung dazu ändern.

Wenn Sie ein positiv denkender Mensch sind, haben Sie weiterhin Probleme. Aber allen anderen haben Sie eines voraus: Sie selbst sind nicht länger das Problem.
Das heißt: Sie können alle Probleme mühelos lösen.

Wie der Power-Seller positives Denken umsetzt

- **Ein Power-Seller kennt keinen Neid**

Viele Menschen reagieren mit Neid, wenn sie vom Reichtum anderer hören. Der Power-Seller weiß: Negatives, was er anderen wünscht, wird ihm selber zuteil. Deshalb denkt er stets positiv über andere – auch über „Reiche".

Er gönnt anderen den finanziellen Erfolg von Herzen und weiß, daß er auch bald Erfolg genießen wird.

- **Ein Power-Seller kennt keinen Haß**

Der Mensch haßt, was er nicht kennt. Haß ist selbstzerstörerisch. Er zerstört denjenigen, der diese negativen Gefühle entwickelt. Der Power-Seller weiß: Wer haßt, trifft auf hassende Menschen. Wer liebt, trifft auf liebende Menschen.

Haß ist ein Mangel an Bewußtsein. Nur ein seelisch unreifer Mensch empfindet Haß. Der Power-Seller ist eine in sich gefestigte Persönlichkeit und kann keinen Haß empfinden.

- **Der Power-Seller kann mit Depressionen umgehen**

Depressionen sind überwiegend nicht ausgelebte Aggressionen. Sie treten besonders häufig bei den Menschen auf, denen aberzogen wurde, ihre Gefühle zu leben. Da die Aggressionen nicht herausgelassen werden dürfen, entstehen Aggressionen, die gegen einen selbst gerichtet sind: Ein Depressiver lebt nicht sich selbst, sondern wird gelebt.

Der Power-Seller ist ein hochsensibler Künstler. Er kennt Höhen und Tiefen, aber keine Depressionen in obigem Sinne. Wenn er gegen sich selbst gerichtete Aggressionen hat, lebt er sie aus, indem er sich einen neuen Anzug kauft oder indem er einem Mitmenschen unvermutet ein Geschenk macht.

Ein Depressiver hat Angst vor Konflikten. Der Power-Seller hat keine Angst, mit sich selbst hart ins Gericht zu gehen. Er weiß mit Bestimmtheit: Aus einem Fehler (einem entgangenen Geschäft) wird er lernen und beim nächsten Mal erfolgreich sein.

- **Der Power-Seller kennt keinen negativen Streß**

Menschen, die unter Streß arbeiten, neigen dazu, Fehler zu machen. Anschließend müssen sie zusätzliche Zeit aufwenden, um diese Fehler auszubügeln. Streßgeplagte haben meistens Angst, mit sich allein zu sein. Sie decken sich mit Arbeit ein, um sich selbst aus dem Weg zu gehen.

Der Power-Seller ruht in sich selbst, unerschütterliches Vertrauen erfüllt ihn. Was immer er beginnt, führt er in Ruhe und Gelassenheit zum Ziel. Er bleibt in jeder Situation ruhig und gelassen.

Wenn der Power-Seller Anzeichen von Streß fühlt, schickt er eine Botschaft an sein Unterbewußtsein: „Ich bin und bleibe in jeder Situation ruhig und gelassen, denn ich weiß, daß ich erfolgreich bin. Meinem Tun schicke ich meine positiven Gedanken voraus, die meinen Weg bereiten. Ich habe

Zeit zum Leben, zum Glücklichsein. Heute werde ich arbeiten, heute werde ich leben."

- **Der Power-Seller sucht kein Geld**

Der Power-Seller hat eine eigentümliche Einstellung zum Geld. Er braucht es wie alle von uns, um zu leben. Aber er hat aufgehört, verkrampft nach Geld zu suchen, weil er weiß: Es ist reichlich da.

Der Power-Seller denkt nicht zuerst an das Geld, sondern zunächst an die von ihm verlangte Arbeit. Er sagt sich: Ich habe großen Erfolg in meinem Beruf. Der Reichtum wird kommen, ganz von allein!

Er sagt seinem Unterbewußtsein: Laß Dich finden, auch vom Reichtum. Der Power-Seller klebt nicht am Geld, er weiß zu leben! Er weiß auch: Je weniger verbissene Konzentration er darauf verwendet, Geld zu verdienen, desto schneller kommt das Geld zu ihm.

Zwischenstation: Vom Wollen zum Werden

Eine weite Reise beginnt mit dem ersten Schritt, sagt Konfuzius. Dies vorweg, um Ihnen mitzuteilen: Auch die Power-Seller von heute sind ja nicht automatisch an die Spitze gelangt, sondern haben irgendwann einmal den ersten Schritt getan, haben begonnen, an sich und ihren Talenten zu arbeiten, sind dann freilich mit großer Ausdauer unaufhaltsam vorangeschritten.

Der Power-Seller von morgen – das wollen und können Sie sein. Den ersten Schritt, nehme ich freundlicherweise an, den haben Sie bereits getan. Nun kommt es darauf an, vom Wollen zum Werden zu gelangen, Tempo zu gewinnen, auf möglichst direktem Wege voranzukommen, die Richtung nicht zu verlieren.

Kennen Sie das **Peter-Prinzip?** Peter, ein boshafter Kritiker der Bürokratie in Behörden und Konzernen, hat folgendes herausgefunden: Hat ein Mitarbeiter in seinem Arbeitsumfeld seinen „level of incompetence“ (den höchsten Grad seiner Unfähigkeit) erreicht, setzen seine genervten Kollegen alles daran, ihn wegzuloben. In allen Verwaltungen der Welt gibt es dafür nur einen Weg:

Er wird befördert und steigt in seiner neuen Position, die er nun eigentlich noch weniger qualifiziert bekleiden kann, noch schneller zur nächsten Stufe der Unfähigkeit auf. Das Spiel wiederholt sich, bis unser Freund ganz oben ist.

Auf einen derartigen Karriere-Mechanismus auf dem Weg zum Power-Seller dürfen Sie nicht hoffen. Sie dürfen ihn nicht einmal wünschen. Denn Sie gehören zu den Fähigen im Lande. Leute, die aus eigener Kraft aufsteigen werden, wenn sie eine Stufe nach der anderen ihrer Kompetenz erreichen.

Abseits der beschriebenen Karrierereservate, im rauhen Wind des Wettbewerbs, gelten andere Gesetze. Sie müssen Ihren Weg nach oben an die Spitze erarbeiten und dabei unter anderem sehr große **Zähigkeit, Fleiß und Ausdauer** aufbringen.

Alle drei Eigenschaften hängen zu 80 Prozent oder mehr allein von Ihrem festen Willen ab.

Sobald Sie mental nicht mehr wollen, bleiben Sie auf halbem Wege stehen. Solange Sie ernsthaft wollen, geben Sie auch nicht auf, halten Sie durch. Nehmen Sie sich den Marathonläufer zum Vorbild:

Gewiß, er hat vorher eifrig trainiert. Das ist wichtig (und das müssen Sie auch tun!). Doch unterwegs ruft ihm sein Körper tausendmal zu: Es tut weh, gib doch auf! Daß er – unabhängig von seiner persönlichen Bestzeit – überhaupt im Ziel ankommt, verdankt der Läufer in erster Linie seinem unerschütterlichen Willen, einen Fuß vor den anderen zu setzen.

Schauen Sie sich bei nächster Gelegenheit einmal Marathonläufer an: Kaum einer sieht wie ein Modellathlet aus, und doch vollbringen sie Wunder an Ausdauer. Der Wille bringt sie ans Ziel.
Absichtlich gebrauche ich das Bild des Marathonläufers: Willensstärke äußert sich nicht in einem einmaligen, geballten Kraftakt – sondern in der Beständigkeit bzw. in der Ausdauer.

Beständigkeit in dem, was Sie vorhaben, garantiert den Erfolg auf lange Sicht.

Sie wollen den Weg zum Power-Seller gehen. Gut! Der starke Gedanke erzeugt die bewußte Handlung! Sie werden sich dabei die Gesetze des positiven Denkens zu eigen machen. Sehr gut! Ihr Unterbewußtsein wird Sie auf ungeahnte Weise unterstützen. Eines Tages sind Sie da, wo Sie hinwollen.

Aber Sie sollten sich ebenso klarmachen, daß alle diese wunderbaren Mechanismen unseres Menschseins nur funktionieren, wenn Sie den unbeugsamen Willen beisteuern, Ihre Ziele unter allen Umständen zu erreichen: jeden Tag, Woche für Woche, Monat für Monat, Jahr für Jahr – durch dick und dünn, notfalls durch Hölle und Hochwasser.

Was immer Ihre Ziele sind: Es bedeutet harten Einsatz Ihres Willens beim Kampf gegen die Bequemlichkeit Ihres Körpers und die Müdigkeit Ihres Geistes. Solche Phasen kommen immer wieder und müssen bei den ersten Anzeichen des Auftretens überwunden werden, denn Trägheit ist der größte Feind des Beraters!

Viele scheitern auf diesem Weg, weil sie meinen, es müsse doch ausreichen, dem Unterbewußtsein zu suggerieren, man sei tatkräftig, man habe Erfolg, man wäre reich. Dieses vollbracht, setzen sich die Betreffenden zur Ruhe und warten. Warten auf Godot – der nie kommt.

Richtig ist: Es wird durchaus empfohlen, zu Beginn derartige fertige Bilder vorweggenommener Lebenssituationen ans Unterbewußsein zu senden, diese auszuschmücken und zu verstärken.

Nehmen wir einmal an, Ihr sehnlichster Wunsch wäre es, Violinvirtuose zu werden. Sie malen sich intensiv aus, wie ihr Bogen liebevoll das Instrument streichelt und ihm Töne reiner Schönheit entlockt.

Sie stehen auf der Konzertbühne, werden vom Publikum mit Begeisterung überschüttet. Sie reisen um die Welt, lernen die interessantesten Leute kennen. Und so weiter.

Tausendmal können Sie Ihr Unterbewußtsein mit Gedankenbildern dieser Art füttern.

Wenn Sie nicht den Willen finden, eines Tages eine Violine zu kaufen und beginnen, damit zu üben, üben, üben, üben – wie soll denn daraus etwas werden?

Wie sagt die Dichterin Marie von Ebner-Eschenbach?

„Wenn es einen Glauben gibt, der Berge versetzen kann, dann ist es der Glaube an die eigene Kraft!“

Ihnen dieses in aller Deutlichkeit mitzuteilen war mir einen eigenen Abschnitt wert!

Bestimmen Sie Ihre Ziele!

Zu den ausgesprochenen Übeln unserer Zeit gehört der Mangel an erklärten Zielen. Ist Ihnen genau bewußt, wohin Sie wollen? Dann erklären Sie es Ihren Mitmenschen!

Ohne klare Ziele in Beruf und Privatleben vergeuden viele Menschen ihre Zeit und ihre Lebensenergien.

Wer immer nur das tut, was er schon immer getan hat, wird auch immer nur das bekommen, was er schon immer bekommen hat.

Erfolg und Glück müssen gezielt angestrebt werden, sonst erhält man sie nie! Oder kennen Sie Verkäufer, die es jemals geschafft haben, ihrem Glück passiv entgegenzutreiben?
Keine Ziele haben bedeutet: Verlust von Zeit, Energie und Kraft. Viele Menschen beweisen ihre Willensstärke auf Nebenschauplätzen (z.B. in ihrer Freizeit, Betätigung in irgendwelchen Organisationen u.ä.), statt diese in ihrem Berufsleben einzusetzen.

Weil wir kaum alles erreichen können, müssen wir unsere Vorstellungen und Ziele festlegen, gewichten und nach ihrer Dringlichkeit ordnen. Es ist eine Selbstverständlichkeit: Wenn wir treffen wollen, müssen wir vorher zielen! In anderen Worten: Wer den Erfolg will, muß genau definieren, auf welchen Gebieten er diesen Erfolg anstrebt. Berufliche und private Ziele müssen gesetzt und ständig überdacht werden!

Wer planlos in den Tag hineinlebt, wird eine bittere Erfahrung machen: Wenn er seine Ziele nicht selber festlegt, dann tun es meistens andere für ihn!

Der sein – der wir sein könnten, heißt sich ändern!

Ich hoffe, daß ich Sie mit den vorangegangenen Seiten in diesem Buch an einen Punkt gebracht habe, von dem aus Sie jetzt unbeirrt Ihren Erfolgsweg gehen wollen.

Ausdauer, Fleiß und Geduld sind die wichtigsten Bestandteile dieses Weges, der Sie geradewegs zum Erfolg führt! Und vergessen Sie nicht das positive Denken!

Dem Erfolg kommen Sie näher, wenn Sie einen Moment pausieren und Ihre Ideen, Wünsche und Ziele nach Prioritäten ordnen. Beginnen Sie mit einer Standortbestimmung: Wo liegt Ihre berufliche Position? Sind Sie damit zufrieden? Ist Ihr Privatleben so, wie Sie es wünschen?

Bei der Beantwortung der nachfolgenden Fragen wird es Ihnen ungemein helfen, wenn Sie ein Blatt Papier benutzen und festhalten, was ist und was werden soll. Machen Sie, ähnlich wie bei der Neugründung eines Unternehmens, eine Eröffnungsbilanz! Beginnen Sie mit den positven Posten:

- Wo liegen Ihre besonderen Talente und Fähigkeiten, was können Sie besonders gut?
- Welche Erfahrungen können Sie nutzbringend anwenden? Welche Erfahrung können Sie noch heute anwenden?
- Was bringt Ihnen Spaß und Freude? Warum verfolgen Sie so selten Aktivitäten, die Ihnen Spaß und Freude bringen?
- Und ganz wichtig: Zu welchen Berufsgruppen, zu welchen Charakteren fühlen Sie sich hingezogen?
- Welche Kontakte zu Menschen besitzen Sie, die bereits Ziele in ihrem Leben erreicht haben, von deren Erfahrungen sie profitieren könnten?

Anschließend werden Sie (selbst-)kritisch:

- Welche Stärken und Schwächen beeinflussen Ihre Arbeit? Trauen Sie sich zu, Ihre Schwächen Schritt für Schritt abzubauen?
- Was haben Sie bislang falsch gemacht? Was möchten Sie sofort ändern?
- Haben Sie den für Sie geeigneten Beruf gewählt? Oder wollten Sie in Wahrheit eine ganz andere Tätigkeit ausüben?
- Wo liegen Ihre Grenzen? Wissen Sie überhaupt um Ihre Grenzen? Oder trauen Sie sich im Grunde viel mehr zu?

Die Kernfrage: Sind Sie bereit, sich zu ändern?
Und: Sind Sie bereit, das, was wirklich nicht zu ändern ist, zu akzeptieren? Das ist wichtig, denn Sie müssen einen inneren Frieden mit sich schließen! Aus diesem inneren Frieden gehen Sie als gefestigte Person hervor, die jetzt weiß, was ist und was wird.

Welche Ziele ergeben sich aus der Beantwortung dieser Fragen? Sie halten das Ergebnis ebenfalls schriftlich fest und sollten sich in den nächsten Wochen – vielleicht jedes Wochenende einmal – damit gedanklich beschäftigen.

Sie müssen das Bild Ihrer Ziele stets gedanklich vor Augen haben. Nur so können Sie sich konzentrieren und Prioritäten setzen! Viele Wege kommen aus dem Unterbewußtsein, wenn Sie sich gedanklich mit den Problemen beschäftigen.

Freilich müssen Sie sich realistischerweise fragen, ob Sie überhaupt die richtige Einstellung besitzen, Ihre Ziele erreichen zu wollen und zu können!

Zu der inneren Einstellung zähle ich neben vorhandenen Talenten und Fähigkeiten vor allem auch die ehrliche Antwort auf die Fragen: Möchte ich tatsächlich erfolgreich sein? Wie stark bin ich motiviert, meine Ziele zu erreichen? Glaube ich an mich selbst?

Es wäre unrealistisch, wenn Sie sich Ziele setzten, die Sie nie erreichen können. Wenn Sie sich hingegen zunächst mehrere kleine Ziele setzen und diese Schritt für Schritt verwirklichen, werden Sie schnell Fortschritte machen.

Fortschritte bringen Freude über den Erfolg. Und nichts motiviert so wie der Erfolg!

Ganz sicher werden sich in dieser Zeitspanne manche Punkte in ihrer Priorität verschieben oder andere hinzukommen. Jedenfalls sollten Sie sich eine Frist von einem Monat setzen. In dieser Zeit entwickeln Sie das Konzept eines besseren Lebens, eines neuen Menschen!

Denken Sie an die Bedeutung des Spruches: *„Heute ist der erste Tag vom Rest Ihres Lebens!“*

Versäumen Sie keine Zeit mehr! Und denken Sie daran: Wer sich ein Ziel steckt, sich dafür bedingungslos einsetzt und alle Kräfte darauf konzentriert, wird dieses Ziel auch erreichen und ein erfülltes Leben finden!

Von Dale Carnegie, einem der Entdecker der positiven Geisteskräfte im Menschen, stammt diese Erkenntnis:

„Sobald die Umwelt weiß, wohin du willst, wird die Welt zur Seite gehen und dich vorbeilassen.“

Ihre drei Schritte zum Ziel:

1. Setzen Sie sich Ziele. Entwerfen Sie einen schriftlichen Plan, wie Sie diese Ziele realisieren wollen. Überprüfen Sie diesen Plan von Zeit zu Zeit!

2. Verbannen Sie Selbstzweifel! Sie werden Ihre Ziele erreichen, wenn Sie sich nicht selbst überfordern! Sie wachsen an Ihren Erfolgen!

3. Fragen Sie sich regelmäßig nach Fehlern, die Sie bei der Realisierung Ihrer Ziele anfänglich gemacht haben (jeder, der etwas unternimmt, macht Fehler!) und analysieren Sie diese! Sie lernen aus Ihren Fehlern und haben noch mehr Erfolg!

Beginnen Sie, positiv zu denken!

Werden Sie Meister der Vorstellungsfähigkeit im positiven Sinne! Wieviele positve Impulse aus Ihrem Unterbewußtsein haben Sie in Ihrem Leben schon erhalten, aber achtlos beiseitegelegt?

Und wieviele negative Gedanken haben Sie sogar bereitwillig ausgeschmückt, bis Sie deprimiert waren? Auch das nimmt Ihr „Tonbandgerät“ auf, um es Ihnen zur passenden Zeit wieder vorzuspielen.

Mit diesem Buch beginnen Sie sich „umzupolen“. Sie werden die positiven Gedanken verstärken und negative aus Ihrem Bewußtsein entlassen!

Ich habe Ihnen bereits die Mechanismen geschildert, die mit Ihrem Unterbewußtsein verbunden sind. Hier gebe ich Ihnen noch einige Hilfen mit auf Ihren Weg:

- Denken Sie nie mehr einen negativen Gedanken zu Ende! Wandeln Sie Ihre bisherige Denkweise ins Positive mit der Suggestion um:

„Liebe und Harmonie sind in meinem Herzen. Aus dem Frieden in der Mitte meines Herzens verströme ich Liebe zu allen Menschen in meiner Umgebung. Ich spüre, je mehr ich positive Kräfte ausstrahle – umso stärker fließen sie zurück. Die Harmonie meines Wesens erfüllt mein Leben. Alles geschieht von selbst. Selbst aus negativen Gedanken transformiere ich positive!“.

- Was bewirkt diese Suggestion? Wer Liebe und Harmonie in sich wachsen läßt, verschwendet keine Energie mehr an unnütze Gefühlsausbrüche.

- Streichen Sie Zorn, Neid und Ärger aus Ihrem Gefühlsregister. Diese Gefühle bringen Ihnen nicht den geringsten Vorteil im Leben!

Zorn und Ärger entstehen aus dem fehlenden Eingeständnis, selbst eine unangenehme Situation herbeigeführt zu haben oder Erwartungen nicht erfüllt zu bekommen. Durch den Neid erniedrigen Sie sich selbst, denn er stärkt nur das Selbstbewußtsein eines anderen.

Wenn Sie Ihre zukünftigen Lebensziele festgelegt haben, werden Sie mit Ihrem Unterbewußtsein darüber reden. Lernen Sie, mit ihm in Bildern zu sprechen, suggerieren Sie ihm keine Details!

- Setzen Sie Ihre Pläne in fertige, vollendete Bilder um. Diese Bilder zeigen Sie am Ziel Ihrer Vorstellungen.

Über Persönlichkeitsbildung, Suggestionstechniken und ihre unbestreitbaren Wirkungen gibt es eine Fülle von Literatur. Mir sagt das Werk „Mit Freude leben“ von Nikolaus Enkelmann (mvg-Verlag) besonders zu, es enthält zudem eine Fülle wirksamer Auto-Suggestionen.

Enkelmann ist eine anerkannte Kapazität auf dem Gebiet der Persönlichkeitsentfaltung, der seine Erfahrungen und Erkenntnisse schon an Tausende von Führungskräften weitergereicht hat. Eine seiner Suggestionen, die Sie sich wie eine Schallplatte immer wieder „vorspielen" sollten, lautet etwa so:

„Ich kann, was ich will! Ich bin fest entschlossen, meinem Leben Wert und Sinn zu geben, denn ich weiß, was ich will, und darum werde ich erfolgreich sein!

Ich habe einen starken Willen und ich kann mich gut konzentrieren! Alle Oberflächlichkeiten verschwinden – meine Konzentrationskraft vertreibt meine Unruhe!

Mißerfolge können mich nicht verunsichern, denn ich kann, was ich will!"

Wenn Sie mit Ihrem Unterbewußtsein sprechen, sollten Sie sich ganz entspannen. Je tiefer Sie entspannt sind, desto leichter und direkter dringen Situationen in Ihr Unterbewußtsein.

- Wiederholen Sie Ihre Selbst-Suggestion drei- bis viermal am Tag mehrmals hintereinander, insbesondere vor dem Einschlafen. Eine einmalige Suggestion hat nur einen schwachen Nachhall! Bleiben Sie über Wochen und Monate bei Ihrer gleichen Suggestionszeit.

- Und auch das ist ungemein wichtig: Unterlassen Sie bitte zwischen Ihren Übungen jede Art von Kritik oder Beobachtung Ihrer Fortschritte.

Haben Sie ganz einfach grenzenloses Vertrauen zu der unendlichen Macht in Ihnen! Auch dafür gibt es eine Suggestion, die wirksam ist:

„In mir ist vollkommene Ruhe und Harmonie. Ich vertraue jeden Augenblick meines Lebens der unendlichen Weisheit meines Unterbewußtseins an. Ich handle souverän aus der Kraft meiner seelischen Mitte. Ich strahle Ruhe und Sicherheit auf meine Mitmenschen aus."

Entdecken Sie die Macht der Begeisterung!

„Ich bin total begeistert!" – Ein Satz, den wir häufig ohne großes Nachdenken einfach so dahinsagen. An dieser Stelle wollen wir jetzt einmal darüber nachdenken. Was bedeutet Begeisterung? Zunächst ein ganz einfaches Bild:

Stellen Sie sich vor, Sie sind im Fußballstadion oder auf dem Tennisplatz. Ihr Favorit erzielt das entscheidende Tor, macht den entscheidenden Punkt. Sie springen auf, ein Gefühl der Begeisterung durchflutet Sie. Ein Hoch-Gefühl.

Dann ist es wieder vorbei. Sicher werden Sie sich noch eine geraume Zeit lang in euphorischer oder angenehmer Stimmung befinden.

Nur einmal angenommen, dieses Gefühl der Begeisterung würde Sie ständig durchfluten. Was meinen Sie, was für einen Menschen dieser Zustand aus Ihnen machen würde? Sie könnten „Bäume ausreißen"!

Was meinen Sie, wie wäre die Reaktion anderer Menschen, die mit Ihnen zusammentreffen und Sie im Zustand totaler Begeisterung erleben? Sie würden von Ihrer Begeisterung mitgerissen!

Wahrscheinlich könnten weder Sie noch Ihre Mitmenschen diese Form der ungeheuren Begeisterung lange aushalten! Bewußt habe ich ein Extrem geschildert, um auf das andere Extrem hinzudeuten:

Millionen Menschen haben seit ihrer Kindheit verlernt, sich innerlich begeistern zu können. Sie sind in der Tat – um bei meinem Beispiel zu bleiben – auf die Leistungen anderer, z.B. auf dem Fußball- oder Tennisplatz, angewiesen, um kurzfristig ein Gefühl der Begeisterung zu erleben.

Auch auf vielen Seminaren habe ich Verkäufer erlebt, die sich bei Schulungen von Verkaufstrainern zurücklehnten, die Arme verschränkten – also typische Abwehrhaltung nach dem Motto: *„Nun motivier mich mal!“*

Mit dieser Haltung verhindern sie automatisch Höchstleistungen des Referenten und schaden sich damit selbst!

Aber es gibt Menschen, und dazu zählen alle Power-Seller, die um die schnelle Vergänglichkeit und Zwecklosigkeit der Fremdmotivation wissen und gelernt haben, wie man sich selbst dauerhaft und tief begeistern kann.

Was mit einem talentierten und erfolgreichen Verkäufer passieren kann, der seine Begeisterung verliert, habe ich in meinem Eingangskapitel geschildert. Es bedeutet praktisch das Ende seiner beruflichen Karriere.

Sich nur begeistert zu geben, bringt keine nachhaltigen Resultate.

- ❑ Begeisterung ist eine Emotion, die von innen nach außen dringt, von der man erfüllt sein muß. Nur die wahre Begeisterung ist der Ursprung allen Erfolges!
- ❑ Begeisterung hilft Ihnen, Ihre Ziele zu erreichen, macht Sie anziehend, läßt keine Langeweile im Leben aufkommen!

- ❑ Ohne Begeisterung leben Sie nicht, Sie haben sich nur aufgehalten im Leben!

- ❑ Begeisterung hilft Depressionen überwinden, Wünsche zu verwirklichen, Hindernisse zu bezwingen! Sie erregt Aufmerksamkeit, motiviert zur Aktivität.

- ❑ Begeisterung regt die Menschen zum Handeln an, Begeisterung hilft Vorurteile zu überwinden!

- ❑ Begeisterung ist ein Motivator, der nichts kostet und dennoch unbezahlbar ist!

- ❑ Begeisterung kann ungeahnte Kräfte in uns freilegen, unerwartete Leistungen können vollbracht werden. Es wird keine unüberwindbaren Hindernisse auf Ihrem Weg zum Erfolg geben!

- ❑ Begeisterung aktiviert, überwindet Trägheit!

- ❑ Begeisterung erweckt neue Begeisterung und Zuversicht! Selbst in jedem Mißerfolg liegt doch schon der Samen für den nächsten Erfolg!

- ❑ Begeisterung verursacht automatisch Überzeugung! Begeisterung verwandelt das Negative. Begeisterung führt Sie ans Ziel Ihrer Pläne!

Jeder Mensch ist begeisterungsfähig. Meist haben negative Einflüsse die Begeisterung der Menschen zum Ersticken gebracht.

Die Begeisterung ist wie eine kostbare Blume, muß ständig gepflegt werden. Pflegen Sie diese Blume, erfreuen Sie sich möglichst oft an ihr. Freuen Sie sich auf den neuen Tag, versuchen Sie, in unbeliebten Tätigkeiten positive Aspekte zu finden.

Begeisterung verdrängt auch die Angst vor der Zukunft. Sie wissen: Ängste können diesen Weg blockieren. Wer unsicher ist, was auf ihn zukommt, wird sich zwangsläufig ängstigen.

Unterbewußte Ängste spielen im Leben vieler Verkäufer eine bedeutende Rolle. Da ist die konkrete Angst vor dem Kundenbesuch, der ja mit einem Auftrag enden soll. Wird es klappen? Der Kunde gilt als „schwierig"...

Schon wird ein äußerer Anlaß, etwa Verkehrsstau oder schlechtes Wetter, als Alibi für den Entschluß genommen, den Kunden erst nächste Woche aufzusuchen...

Andere Verkäufer haben Ängste, den Kunden fest und entschieden zum Abschluß zu bewegen. Die entscheidende Äußerung oder Aktion, die zur Auftrags-Unterschrift führen soll, mißlingt gründlich, weil die Konzentration und Begeisterungsfähigkeit des Verkäufers durch die Angst auf Null geschraubt wurde.

Angst – insbesondere die Angst vor Veränderungen in unserem Leben – ist ein Zustand, den wir überwinden müssen, damit unserer Entfaltung nichts mehr im Wege steht.

Wo die Furcht ein ständiger Begleiter ist, weiß der Mensch nicht, was er will, was werden wird. Wer begeistert ist, lebt in einer positiven Welt, hat keine Zukunftsängste.

Sie können Ihre Ängste nur durch Zuversicht und Begeisterung wirksam zum Verschwinden bringen. Je detaillierter und stärker Sie Ihre Ziele vor Augen haben, je konkreter Sie Ihre Pläne ausarbeiten, umso schneller werden die häßlichen Ängste vor Zukunft, Krankheit oder beruflichem Versagen schwinden!

Vom amerikanischen Automobil-König Henry Ford stammen diese Sätze:

„Wenn du begeisterungsfähig bist, kannst du alles schaffen! Begeisterung ist die Hefe, die deine Hoffnungen himmelwärts treibt.

Begeisterung ist das Blitzen in deinen Augen, der Schwung deines Schrittes, der Griff deiner Hand, die unwiderstehliche Willenskraft und Energie zur Ausführung deiner Ideen.

Begeisterte Menschen sind Kämpfer. Sie haben Seelenkräfte. Sie besitzen Standfestigkeit.

Begeisterung ist die Grundlage allen Fortschritts. Mit ihr gelingen Leistungen, ohne sie höchstens Ausreden."

Wenn Sie begeistert sind, stellt sich Ihnen sehr schnell diese Frage:

„Wo kann ich meine Energien am wirksamsten einsetzen?"

Sie sind dann an einem Punkt, an dem Ihnen die persönlichen Ziele Ihres Lebens wieder vor Augen kommen. Fragen, die Sie sich bereits gestellt haben, werden Sie jetzt ganz anders beantworten:

- *„Was fordere ich von mir?"*
- *„Wie stark motiviert bin ich durch mein Hauptziel?"*
- *„Möchte ich tatsächlich erfolgreich sein?"*
- *„Sind meine Ziele realistisch?"*
- *„Glaube ich an mich selbst?"*

Durch Ihre innere Begeisterung wissen Sie jetzt um die Kräfte im Menschen. Durch Ihre Selbstbefragung kennen Sie Ihre Intelligenz, Talente und Begabungsreserven. Und durch Ihre Zielvorgabe können Sie jetzt Ihrem Leben neuen Sinn und Inhalt geben.

Der erwähnte Psychologe Enkelmann drückt es so aus:

„Ich will! Ich kann! Ich werde!“

Kapitel 5

Der Power-Seller als Kommunikations-Virtuose

Die Kunst, andere zu überzeugen

Der Power-Seller, so habe ich geschrieben, verfügt über ein außerordentlich hohes Maß an kommunikativen Fähigkeiten. Was verstehe ich in diesem Fall unter Kommunikation? Ein Wort, das vieles und nichts bedeuten kann (weshalb es so gern benutzt wird). In unserem Fall belegen wir es mit der Bedeutung:

- Die Kunst zu überzeugen

Überzeugen durch Persönlichkeit (z.B. Aussehen, Auftreten und Sprache), durch Argumentation und durch die Bereitschaft und Fähigkeit, Signale, die von anderen ausgehen, aufzunehmen und umzusetzen in eine enge Gefühlsbindung. Denn die Potenzierung dieser Fähigkeiten ist das, was den Power-Seller so auszeichnet.

Wie kommunizieren Verkäufer und Kunden in unseren Landen? Die Antwort: Hervorragend, könnte kaum besser sein! Oder gibt es doch etwas zu verbessern? Schauen wir einmal hinein in die Vertriebslandschaft!

Alle Personen in der nachfolgenden Handlung sind frei erfunden, Ähnlichkeiten mit lebenden Personen rein zufällig!

Der Verkäufer hat gerade eine blutleere, langweilige Präsentation hingelegt. Der Kunde hat sie gefaßt und in großartiger Haltung ertragen, ohne einzuschlafen.

Nachdem der Verkäufer keine wesentliche Reaktion des Kunden registrieren konnte, gibt er auf. In Gedanken schon bei seinem nächsten Termin, fragt er den Kunden: *„Wissen Sie, wie spät es ist?“*

Der Kunde, erbost über die Zeitverschwendung mit diesem Schmalspurverkäufer, antwortet mit beabsichtigter, pointierter

Unhöflichkeit: *„Ja!“*

Der Verkäufer stutzt: *„Haben Sie eben mit Ja geantwortet?“*

Der Kunde: *„Ja!“*

Der Verkäufer erinnert sich an die JA-Verkaufspsychologie. Jetzt hat der Interessent zweimal das Wort JA gesagt. Also doch noch! Jetzt schnell zum Abschluß schreiten...

Hier, auf dem Gipfel vermeintlicher Kommunikation, brechen wir einmal ab und treffen unseren Verkäufer einige Zeit später auf einem Schulungs-Seminar wieder, für das er viel Geld hingeblättert hat.

Der Verkäufer zum berühmten Erfolgs-Guru: *„Ich glaube, an meinem Verkaufsgespräch muß ich noch arbeiten. Der Kunde hat zwar zweimal ja gesagt, aber dann doch nicht abgeschlossen!“*

Der Guru lächelt verständnisvoll und spricht: *„Ich erkläre es dir gern noch einmal. Wie wäre es, wenn du diesmal Notizen machst und alles mitschreibst? Es prägt sich deinem Gedächtnis nachhaltiger ein, das ist erwiesen!“*

„Versuch`s doch mal mit Dialektik im Gespräch. Dialektik ist die Kunst der logischen Schlußfolgerung. Mit der richtigen Anwendung kannst du jeden Kunden unfehlbar überzeugen!“

Du verkaufst Immobilien. Also stelle dem Kunden diese entscheidenden Fragen:

„Stimmt es, daß Grundstücke in den letzten Jahrzehnten stets teurer, aber nicht billiger wurden?“

Antwort des Kunden: *„Ja!“*

„Ist es richtig, daß die Mieten ständig steigen, aber nicht sinken?“

Antwort des Kunden: *„Ja!“*

„Fehlen überall Wohnungen, und steigt der Wohnraumbedarf?“

Antwort des Kunden: *„Ja!“*

„Besitzen Immobilien große Vorteile bei Erbschafts- und Schenkungssteuern?“

Antwort des Kunden: *„Ja!“*

„Also ist Immobilienerwerb eine kluge Maßnahme! Werden Sie kaufen?“

Der Verkäufer ist baff. So einfach kann Verkaufen sein! Schon ist er unterwegs zum nächsten Kunden...

Jetzt wendet er den Ja-Rhythmus auf seine spezielles Produkt in der Bundeshauptstadt Berlin, Nähe Kurfürstendamm, an. Etwa so:

„Es stimmt doch, daß Berlin die größte Metropole Deutschlands ist?“

Der Kunde: *„Ja, das stimmt!“*

„Es ist doch richtig, daß in Berlin große Wohnungsnot herrscht?“

Der Kunde: *„Ja, das ist mir bekannt!“*

„Ist der Kurfürstendamm eine der bekanntesten Straßen der Welt?

Der Kunde: *„Ja, das weiß doch jeder!"*

Jetzt sagt der Verkäufer: *„Am Ku-Damm liegen die Quadratmeterpreise zwischen 10 000 bis 25 000 Mark! Wenn ich Ihnen jetzt das dritte Haus direkt neben dem Kurfürstendamm für 5 500 Mark/Quadratmeter anbiete, ist das nicht unglaublich günstig?"*

Der Kunde (sein Kaufwunsch ist jetzt geweckt): *„Ja, das ist günstig, das interessiert mich!"*

Dialoge in Verkaufsbüchern sollen verdeutlichen – so auch hier. Denn diese Technik ist in jeder Branche anwendbar.

Eigentlich hatte ich mir vorgenommen, an dieser Stelle ein negatives Kommunikationsbeispiel anzuführen. Aber da ich stets positiv denke, ist es anders gekommen. Trotzdem muß ich einen negativen Aspekt beleuchten:

In meinem Beispiel hat der Verkäufer endlich einmal mitgeschrieben, was ihm der Seminarleiter an Kenntnissen vermittelte. Das ist keineswegs der Normalfall.

Denkfaule, antriebsarme und vor allen Dingen unorganisierte Verkäufer rennen in großer Zahl durch unser Land. Ab und an lassen sie sich für viel Geld auf Seminaren die vermeintliche Richtung zeigen.

Weil sie aber nur einen Bruchteil von dem aufnehmen können, was ihnen beigebracht wird, richten diese Verkäufer am Ende beträchtlichen Schaden an. Das finde ich betrüblich, weil es nicht sein muß.

Verkaufsseminare sind selbstverständlich sehr wichtig. Jeder Verkäufer sollte zu guten Trainern gehen, und zwar nicht nur ein- oder zweimal, sondern immer wieder. Und dort sollte er alles mitschreiben, was er an Wichtigem und Neuem erfährt. Was man mitschreibt, aktiviert das Gedächtnis, prägt sich ein. Wer schreibt, der bleibt!

Meinen Beratern empfehle ich, unbedingt und sofort nach dem Kundenbesuch den Verlauf des Gespräches im Detail Revue passieren zu lassen. Wo lagen ihre Stärken, wo ihre Schwächen?

Denn ein bestimmter Augenblick im Beratungsgespräch war für den Abschluß und damit für den Erfolg entscheidend! Diese Dialektik, jene Argumentation, ein bestimmter Satz vielleicht.

Im anderen Falle gab es genauso eine bestimmte Konstellation im Gespräch, die das Nein des Kunden ausgelöst hat. Also muß ich mir durch den Kopf gehen lassen: Welche Komponente führte zum Erfolg, welche zum Mißerfolg?

Diese Berichte fertigt der Verkäufer nicht für sein Unternehmen an – sondern für sich selbst! Der Sinn: **Nicht nur aus Fehlern, auch aus Erfolgen kann man lernen!**

Und beim nächsten Besuch des Kunden hilft die Kundenkarte, indem der Verkäufer sie vor dem Besuch anschaut und alle notwendigen Informationen schnell wieder vor Augen hat. Damit ist der Einstieg ins Gespräch um Klassen leichter!

Verkaufsgespräche können kommunikative Höchstleistungen erreichen. Wer Kommunikationstechniken beherrscht, kann andere Menschen überzeugen. Kommunikation ist eben auch die Kunst, andere zu überzeugen.

Selten hat ein Autor das Glück (so wie ich jetzt), sich viele Worte ersparen zu können, weil er seinen Lesern Bilder vorführen kann, die bekanntlich mehr als tausend Worte sagen.

Eine Demonstration der Überzeugungskraft von Aussehen, Auftreten und Sprache (einschließlich Körpersprache) gibt Fernseh-Moderator Hans-Joachim Friedrichs, der jahrelang in den „Tagesthemen" Nachrichten „verkauft" hat. (Jetzt „verkauft" er Kultur, in unseren Landen ein „schwieriges" Produkt.) Friedrichs ist ein Power-Seller par excellence !

Haben Sie sein Bild vor Augen? Gut! Wir inspizieren kurz das Äußere: Den Anzug, die Krawatte, das Tüchlein in der Brusttasche, das Hemd: dezent aufeinander abgestimmt, farbig, aber nicht aufdringlich. Kurzum: die Perfektion des guten Geschmacks.

Bevor Hans-Joachim Friedrichs ein Wort gesagt hat, haben wir einen sehr guten Eindruck von ihm gewonnen.

Jetzt spricht er: mit klarer Stimme und in kurzen Sätzen. Hier betont er ein bestimmtes Wort, dort legt er eine kleine, fast unmerkliche Sprechpause ein.

Der Text, den er spricht, erreicht uns in modulierter Stimme, also mit Höhen und Tiefen in der Sprachmelodie. Ab und an glauben wir, eine unmerkliche Spur von Ironie oder Aggressivität herauszuhören – Hinweise auf die persönliche Einstellung zu bestimmten Themen, die Friedrichs gerade präsentiert.

Welchen Effekt hat das auf uns? Wir hören zu, nicht weg, weil uns die Sprache fesselt! Erneut sind wir positiv beeindruckt.

Gleichzeitig empfangen wir von Friedrichs Signale seiner Körpersprache. Mal neigt er fast unmerklich den Kopf, ein anderes Mal zieht er die Augenbrauen ein wenig höher, dann scheint er mit dem Oberkörper auf uns zuzukommen, und in kurzen Intervallen blickt er uns direkt und geradeheraus an. So als ob er fragen will: Seid ihr mir bis hierher gefolgt? Ja, er spricht auch mit seinen Augen!

Welchen Effekt hat das auf uns? Wir schauen zu und nicht weg, weil Friedrichs unsere Aufmerksamkeit auch nonverbal auf sich zieht und am Leben erhält. Wieder eine positive Erfahrung für uns.

Hans-Joachim Friedrichs ist ein Power-Seller, der durch die absolute Übereinstimmung von Auftreten, Sprache und Gestik augenblicklich jedermann überzeugt, daß er das beste Produkt liefert! Hans-Joachim Friedrichs kann kommunizieren!

Bei allen Vorzügen, die ich gerade herausgestellt habe, bleibt Hans-Joachim Friedrichs ein „Einbahnstraßen"-Kommunikator. Im Fachchinesisch: Er ist ein Meister der **vertikalen** Kommunikation.

Darunter versteht man genau die Situation, in der er sich stets befindet: Einer spricht, alle anderen hören zu, haben – in diesem Falle durch das Medium Fernsehen bedingt – keine Chance, am Gespräch teilzunehmen. Es gibt kein Feedback,keine Rückkopplung.

Wo mehrere Menschen aufeinandertreffen, besteht die Chance zur **horizontalen** Kommunikation:

Hier kommt es zum Austausch von Informationen und, je nach Verlauf der Interaktion, zur Bildung von Gemeinsamkeiten oder Ablehnungen. An welcher Alternative der gute Verkäufer interessiert sein muß, bedarf keiner Worte.

Woran also liegt es, daß – verallgemeinernd festgestellt – trotzdem ein hoher Prozentsatz der Verkaufsgespräche als Musterbeispiel für mißglückte Kommunikation endet?

In einem Wörterbuch fand ich diese Beschreibung für mißglückte Kommunikation: *„Es findet keine Rezeption statt* *oder kein Verstehen oder kein Akzeptieren oder kein Effekt. Solche Kommunikationsstörungen können verursacht sein durch Sprachstörungen, durch akustische/lesetechnische Behinderungen, durch Wortwahl oder Satzbau, die dem Adressaten nicht angemessen sind, durch Desinteresse oder Abneigung des Adressaten.“*

In wenigen Sätzen ist hier die ganze Welt des Verkaufens, der Leistung, die der Verkäufer in seinem Beruf vollbringen muß, eingefangen!

Denn: Unsere Welt im ganzen und unser Alltag im persönlichen ist angefüllt mit mißglückten Kommunikationsversuchen aller Art. Laufend verstehen wir Situationen und andere Menschen nicht richtig oder nur unvollständig. Es ist so häufig, daß es normal scheint, und wir denken selten darüber nach.

Der Verkäufer muß auf eine geglückte Kommunikation hinarbeiten, darauf, daß seine Kunden die Botschaft verstehen und akzeptieren, was sie verstanden haben. Das ist sein Beruf, er lebt davon.

Wie schwer das ist, wie sehr man daran arbeiten muß, kennen Sie vielleicht beispielhaft aus Ihrem Bekanntenkreis: Es gibt Ehepaare, schon jahrelang verheiratet, die fortwährend zwar miteinander reden – aber sich nicht verstehen wollen oder können.

Geglückte Kommunikation ist deshalb so schwierig, weil sie auf verschiedenen Ebenen stattfindet. Beispielsweise sagt man etwas, drückt aber durch die Körperhaltung das genaue Gegenteil aus. Auch Schweigen und Zuhören sind wichtige Bestandteile der Kommunikation. Und ganz wesentlich: das Erscheinungsbild, das Auftreten einer Person.

Es gibt eine Fülle von Kommunikationstechniken. Sie sind von jedermann erlernbar, vorausgesetzt, der Wille dazu ist vorhanden. Nur wer gelernt hat, sicher aufzutreten, sich klar auszudrücken, überzeugend zu argumentieren, kann andere überzeugen!

Und nur wer gelernt hat, zuzuhören und zuzuschauen, kann erfassen, was richtige Kommunikationstechnik wirklich bedeutet.

Allerdings warne ich vor einer verhängnisvollen Fehleinschätzung: Kommunikationstechniken sind ein unerläßliches Handwerkszeug des Verkäufers, ebenso wichtig wie seine perfekten Produktkenntnisse – nicht weniger, aber auch nicht mehr.

Der Power-Seller kommuniziert durch seine Persönlichkeit

Wer andere mit der Kraft eines Power-Sellers in praktisch jeder Situation überzeugen will, muß bereit und offen sein, zusätzlich auch an seiner Persönlichkeit zu arbeiten, mentale Trägheit abzuschütteln!

Er muß willens sein, eine Fülle von Erfahrungen zu sammeln, seinen Horizont auf allen denkbaren Gebieten beständig zu erweitern, Wissen zu erwerben, aus dem er in jeder Lage souverän überzeugende Argumente und Tatsachen schöpfen kann!

Er muß das brennende Verlangen besitzen, die Leiter der Perfektion Stufe für Stufe erklimmen zu wollen. Er muß das innere Bedürfnis haben, stets neue Türen zu entdecken und diese öffnen zu wollen – um herauszufinden, was sich hinter ihnen verbirgt!

Damit sind wir bei dem Grund, warum ich mir diesen kleinen Exkurs nicht versagen konnte. Ich möchte Ihnen eine wichtige und keineswegs positve Erfahrung aus meiner Berufspraxis mitteilen (die letztlich zu dem Entschluß führte, dieses Buch zu schreiben):

Immer wieder frage ich auf Seminaren oder bei anderen Gelegenheiten die dort versammelten Berater:

„Sagen Sie mir doch bitte einmal, wieviel Geld haben Sie in den letzten sechs Jahren für Autos ausgegeben ?" Nicht selten höre ich Zahlen zwischen 60.000 und 350.000 Mark als Antwort. Die Verkäufer, die ich treffe, verdienen meist alle gut...

Als nächstes frage ich dann: *„Und wieviel haben Sie in der gleichen Zeitspanne für Ihre persönliche und berufliche Fortbildung aufgebracht?"*

Schweigen, Bestürzung! Selten, daß jemand eine Summe nennt. Es ist im Grunde auch nicht vonnöten, denn ich kann die Antwort auf den betretenen Gesichtern ablesen!

Ich nehme an, dies ist der Grund, warum es nicht genügend Power-Seller in unserem Land gibt. Aber da Sie nun diese Zeilen lesen, blicke ich optimistisch in die Zukunft. ..

Der Power-Seller kommuniziert durch seine Kleidung

Ich kenne keinen Power-Seller, der nicht erkannt hat, daß das, was für alle großen Unternehmen inzwischen eine Selbstverständlichkeit ist, für ihn ebenso notwendig ist: **Die Image-Pflege.**

Es geht um das Bild, das andere Menschen, insbesondere natürlich seine Kunden, sofort von ihm in ihrem Bewußtsein entwerfen, wenn sie ihn sehen, ohne daß schon ein Wort gesprochen wurde.

Innere Werte einer Person, die charakterliche Haltung usw. sind gut und wichtig, erschließen sich den anderen Menschen aber erst nach längerem Kontakt. Was sofort und unmittelbar nach außen wirkt, ist das Erscheinungsbild.

Äußerlichkeiten wie Kleidung und Körperhaltung bestimmen zunächst in sehr starkem Maße, wie dieses Bild aussieht. Sie entscheiden darüber, ob der Gesprächspartner dem Verkäufer mit Sympathie, Achtung und Respekt entgegenkommt – oder mit Antipathie und Geringschätzung. Kleider machen Leute!

Eines ist so schlimm wie das andere, aber beides zusammen ist tödlich für den Verkäufer. **Image-Pflege fängt beim Power-Seller daher mit Körperpflege und Kleidung an.** Von Kopf (stets gut frisiert) bis Fuß (stets die passenden, gutbesohlten und sauberen(!) Schuhe) signalisiert der Power-Seller:

Hier kommt ein seriöser, selbstsicherer, erfolgsgewohnter und allein deshalb auf den ersten Blick sympathischer und kompetenter Mensch.

Korrekte Kleidung ist für den Power-Seller das Spiegelbild seiner selbst. Folglich hat er seine Garderobe so ausgewählt und abgestimmt, daß sie seine Kompetenz widerspiegelt: Ein Mensch, der auf alles eine überzeugende Antwort weiß, auch darauf, wie man in jeder Situation stets korrekt gekleidet ist.

Erwarten Sie an dieser Stelle nicht, daß ich Ihnen Bekleidungstips gebe. Das müssen Sie schon selber wissen. Wenn Sie in Geschmacksfragen unsicher sind, lassen Sie sich unbedingt beraten! Denn beim Geschmack kommt es nicht so sehr auf das Geld an. Häufig erstaunt mich, das äußere Erscheinungsbild mancher Berater.

Ich möchte lediglich auf die enorme Bedeutung hinweisen, die Ihrem Erscheinungsbild zukommt. Und aus dem Umstand, daß ich es tue, können Sie schließen, daß es sich offensichtlich unter Deutschlands Verkäufern keineswegs überall herumgesprochen hat:

Wie Du kommst gegangen – so wirst Du empfangen!

Menschen achten nun einmal zuerst auf Äußerlichkeiten. Wer adrett gekleidet erscheint, wird auch gute Produkte haben, vermutet jeder Kunde!

Wer hingegen mit ungepflegter oder unpassender Kleidung zur Tür hereinkommt, dem traut man ganz einfach auch keine Sachkompetenz zu. So ist das leider, auch wenn gilt: Ausnahmen bestätigen die Regel.

Umgekehrt wird übrigens auch ein Schuh daraus: Mitunter begegnen mir Verkäufer in den teuersten Anzügen bekannter Modeschneider. Man sieht es diesen Verkäufern an, daß sie nur widerstrebend das Preisschild von der Super-Duper-Designerkrawatte entfernt haben – ließe sich doch damit so herrlich angeben, ebenso wie mit der brillantverzierten Rolex, die gelegentlich am Handgelenk blitzt und den Blick von den Pop-Art-Manschettenknöpfen kurzfristig ablenkt...

Wer „overdressed" zum Kunden geht, sorgt für den „overkill" – der Kunde fühlt sich unterlegen und wird schon allein aus diesem Grunde unüberwindbare innere Vorbehalte entwickeln, etwa nach der Melodie: *„Von diesem Jüngelchen lasse ich mich doch nicht einwickeln."*

Protzigkeit beeindruckt nur negativ oder bestenfalls naive Gemüter in positiver Weise. In meinem Geschäftsbereich habe ich nur selten naive Kunden kennengelernt.

Zum Abschluß ein persönliches Erlebnis, das nur scheinbar das Vorangegangene widerlegt: Wenige Tage, nachdem ich meine

Lehre als Bankkaufmann bei der Deutschen Bank in Düsseldorf angetreten hatte, war sich der Vorstandsvorsitzende (und Inhaber von Dutzenden weiterer sehr wichtiger Positionen), Hermann Josef Abs, nicht zu schade, uns „jungen Spunden“ in einer persönlichen Ansprache unter anderem nachdrücklich zu empfehlen, was wir fortan im Umgang mit Kunden zu tragen hätten: dunkelgrau, dunkelblau, schwarz. Ende, aus.

Als ich später mein eigenes Unternehmen aufbaute – ebenfalls in der Finanzdienstleistungsbranche angesiedelt –, war der rigide Banken-Standard nicht nur im geschäftlichen Sektor meine Richtschnur, sondern selbstverständlich auch im Auftreten und Aussehen meiner Vermögensberater.

Umso größer waren meine anfänglichen Vorbehalte, als da plötzlich ein Anlageberater aus dem Aartal in Lederhosen und Trachtenjacke auftauchte und unbedingt für mein Unternehmen arbeiten wollte. *„Wenn der so zu den Kunden gehen will...“* dachte ich voller Schrecken.

Er wollte nicht nur, er bestand darauf. Daraufhin sah ich mir diesen Menschen gründlich an und fragte mich, was ich eigentlich für Vorbehalte hätte: Dieser Mann war für jemanden wie mich, der in Bankenkreisen seine erste Berufserfahrung gewonnen hatte, vielleicht etwas zu unkonventionell gekleidet. Aber: War ich der Kunde, den dieser Berater zu Hause aufsuchte? Und war nicht das, was er anhatte, von bester Qualität und paßte zu seiner Persönlichkeit? Kleidung und Person waren eine Einheit. Im gedeckten Anzug, darauf kam ich später, wäre er eine groteske Fehlbesetzung gewesen.

Das Ende der Story: Dieser Berater erwies sich als Power-Seller von hohen Graden, verhalf meinem Unternehmen zu guten Geschäften und trug selbst jährlich mehr als eine Million Mark Provision nach Hause. Und das war damals noch mehr Geld als heute.

Also: Kleider machen Leute. Auch der Power-Seller in der bayerischen Lederhose zählt dazu!

Der Power-Seller kommuniziert mit seinen Augen

Die Bedeutung des ersten Augenblicks

Der erste Augenblick, in dem zwei Menschen aufeinander zugehen und sich begrüßen, ist zugleich auch der erste Augen-Blick!

Unsere bewußte Wahrnehmung eines anderen geschieht immer durch direkten Blickkontakt. Ganz wichtig: Dauer und Intensität des Blickes in die Augen senden das Signal, ob jetzt eine Beziehung zueinander entsteht oder ein erbitterter „Territorialkampf" folgt.

Mit anderen Worten: Der Augen-Blick, die Art und Weise, wie Sie und Ihr Gegenüber sich in die Augen schauen, entscheidet darüber, ob Sie „ankommen".

Augen-Blicke sind in verschiedenen Kulturkreisen von höchst unterschiedlicher Dauer – in unserer westlichen Welt währen sie laut Expertenanalyse zwischen zwei und vier Sekunden bei Menschen, die sich zum erstenmal begegnen.

Wird dieser „Ritualblick" nicht eingehalten, fühlt sich der andere zu Recht übergangen oder gekränkt. Gegen das verletzende Gefühl „Du hast mich nicht gebührend beachtet" wird er sich kaum wehren können.

Der Power-Seller wird einen Kunden stets mit einem offenen Blick in die Augen begrüßen und später, im Ver-

kaufsgespräch, des öfteren dem Kunden in die Augen schauen, um die Bedeutung seiner Worte zu unterstreichen.

Er beherzigt diese wichtigen Erkenntnisse:

- Durch den bewußten Einsatz seiner Augen steigert sich die Suggestivkraft seiner Worte ganz enorm! Mit den Augen werden Suggestionen ebenso vermittelt wie mit Worten!

- Reißt der Blickkontakt in einem Gespräch für längere Zeit ab, droht Gefahr! Power-Seller sind geübt, winzige Anzeichen zu registrieren und richtig zu deuten: Kneift der Gesprächspartner ein Auge zu oder zwinkert er, signalisiert er Ungläubigkeit oder gar Mißtrauen. Wandern seine Augen zur Seite, will er eine Stellungnahme umgehen. Schließt der Angesprochene kurz die Augen und nickt mit dem Kopf, signalisiert er: „Ich habe genug und will nicht mehr akzeptieren."

- Der Blick zum Boden oder auf die Fußspitzen ist Menschen zu eigen, die sich scheuen, neue Erfahrungen zu machen und immer von einer konventionellen, sicheren Basis aus argumentieren.

- Wenn sein Gegenüber spricht, läßt es der erfahrene Power-Seller nicht zu einem Zweikampf der Augen-Blicke kommen. Das würde Aggressionen erzeugen, die er gerade vermeiden will.

- Statt dessen schaut er dem Sprechenden genau auf den Mund, hängt sozusagen an seinen Lippen und gibt zu erkennen: Ich höre dir zwar genau zu, aber ich lasse mich nicht beeinflussen.

- Der Power-Seller kann sogar an den Pupillen des Kunden wichtige Reaktionen ablesen – doch über diese interessante Fähigkeit später mehr.

Der Power-Seller kommuniziert durch seine Mimik

Wer beeinflussen will, muß andere mitreißen können. **So müssen auch die Gesichtszüge widerspiegeln, was der Power-Seller vermitteln will: Begeisterung, Sympathiewerbung, Überzeugungskraft.**

Ein Verkäufer, der mit einem Pokergesicht das tollste Verkaufsgespräch der Welt vorträgt, sollte sich nach einem neuen Beruf – etwa beim Film – umsehen.

Umgekehrt wird der Power-Seller immer wieder das Mienenspiel seines Kunden unauffällig nach Signalen der Zustimmung oder Ablehnung durchforsten.

Mehr zu diesem Thema finden Sie in dem Kasten auf Seite 132.

Der Power-Seller kommuniziert mit seiner Gestik

Unsere Körpersprache ist meistens deutlicher und klarer als unsere Worte!
Sie ist immer eindeutig! Aber lassen wir den unvergessenen Pantomimen Samy Molcho sprechen:

„Der Körper ist der Handschuh der Seele, seine Sprache das Wort des Herzens. Wenn wir offene Sinne und ein waches Auge

für die Signale und Kommentare unserer Körpersprache haben, können viele Gespräche und Begegnungen leichter und erfolgreicher verlaufen. Die Kenntnis der Körpersprache öffnet direkte Wege zueinander und einen freieren Umgang miteinander.

Unsere Körpersprache ist deutlicher als die der Worte. 'Man hat seinen Körper nicht so unter Kontrolle wie die Zunge', heißt ein Sprichwort. Unser Körper reagiert immer auch spontan und kann sich nicht so verstellen, wie wir das mit unseren Worten tun. Die Fehldeutung einer Körperhaltung kann zum Konflikt führen."

Ein Mensch, der seine Hände im Gespräch nicht zur Unterstützung seiner Worte einsetzt, ist eine unglaublich lahme Erscheinung! Denn eigentlich ist es ganz unmöglich, irgendeine engagierte Information von sich zu geben, ohne daß die Hände und Arme dabei mitspielen.

Manche Signale sind jedem bekannt: Wenn die Arme abgewinkelt in die Hüften gestemmt oder vor der Brust verschränkt werden, wissen wir, was los ist: Angriff abwehren, Besitz verteidigen.

Doch es gibt auch subtilere Deutungen. Hören Menschen einem Redner mit verschränkten Armen zu, ist dies durchaus ein positives Zeichen: Von der Brust gehen die Aktivitätsströme aus. Wer die Arme verschränkt, signalisiert: Ich habe meine Aktivität ausgesperrt – Du bist jetzt an der Reihe, ich höre zu.

Wer die Arme ruckhaft nach oben wirft, will unterstreichen: „*Um Himmelswillen – laß mich bloß in Ruhe. Ich will damit nichts zu tun haben, diese Sache nicht anrühren!*" Und nach rückwärts gezogene Arme signalisieren in schwächerer Form den Wunsch, selber nichts zu tun.

Wir halten fest: Was wir zuerst an anderen wahrnehmen, sind Körpersignale und Verhalten. Wenn wir sie richtig interpretieren können, kommunizieren wir. Das heißt: Wir beantworten die Signale durch entsprechende richtige Reaktionen.

Lernen Sie, mit den Augen des Power-Sellers zu sehen!

- Der Power-Seller beherrscht wie kein anderer die Körpersprache, hat die Wichtigkeit dessen erkannt, was der Pantomime und „Körpersprachler“ par excellence Samy Molcho so beschreibt:

  „Wir verwenden Zeit und Energie, um neben unserer Muttersprache noch weitere Sprachen zu lernen. Körpersprache ist mit der Zeit zu einer Fremdsprache geworden. Fremdsprachen müssen nicht gelernt werden, aber wir kommen weiter, wenn wir sie beherrschen. Wir vermindern die Gefahr von Mißverständnissen. Es ist mir unverständlich, warum wir nie Zeit haben, unsere Primärsprache, nämlich die Sprache unseres Körpers, zu verbessern.“

- **Woran der Power-Seller erkennt, daß sein Gegenüber offen und freundlich eingestellt ist:**

  Die Augen des Gesprächspartners blicken offen, seine Lidfalten sind ebenfalls offen. Er sucht häufigen Augenkontakt. Der Atem strömt beim Sprechen ruhig aus. Die Stimme hat einen warmen vertraulichen Klang. Er legt auch schon mal die Hand auf die Schulter oder den Arm des Gesprächspartners.

- **Warum der aggressive Mitmensch kein Rätsel für den Power-Seller ist:**

  Menschen mit aggressiven Tendenzen blicken mit leicht zugekniffenen Augen. Auf der Stirn bilden sich vertikale Falten. Über der Nasenwurzel läuft eine Querfalte. Sie bewegen Körper und Glieder ruckhaft.

  Weitere Anzeichen: gespannter Atem, beschleunigte Sprechgeschwindigkeit, laute Stimme.

- **Woran der Power-Seller den entschlossenen, hartnäckigen Gesprächspartner erkennt:**

  Er erkennt ihn am abgedeckten Blick (leicht zugekniffene Augen), vertikalen Stirnfalten und zusammengepreßten Lippen. Seine Stimme wird im Laufe des Sprechens immer härter.

- **Wie der Power-Seller den Unentschiedenen oder Gleichgültigen erkennt:**

  Die Lippen sind gelockert und entspannt, er reibt sich häufig an der Nase. Die Sprechgeschwindigkeit ist langsam. Der Kunde macht unsichere Bewegungen.
  Weitere Anzeichen: Lachen mit geöffnetem Mund.

- **Woran der Power-Seller erkennt, daß sein Gegenüber ängstlich oder mit inneren Konflikten belastet ist:**

  Flackerndes Auge und vertikale Stirnfalten. Der Kunde trommelt gelegentlich mit den Fingern auf den Tisch oder rutscht auf dem Stuhl hin und her. Seine Schultern sind angehoben. Je länger er spricht, desto höher wird seine Stimme.

- **Woran der Power-Seller den zweifelnden Gesprächspartner identifiziert:**

  Das Gesicht ist zwar entspannt, aber die Augenbrauen sind hochgezogen. Dieser Gesprächspartner blickt häufig zur Seite, macht unsichere Körperbewegungen.

- **Wie der Power-Seller den Arroganten durchschaut:**

  Der Blick: von oben herab, mit vorgestrecktem Kinn. Die Augenlider hängen herunter. Er lacht einseitig, seine Stimme hat einen Brustklang.

- **Woran der Power-Seller den mißtrauischen Gesprächspartner entlarvt:**

  Dieser blickt seinen Gesprächspartner verstohlen von der Seite oder von unten mit beobachtendem Blick an. Die Augenbrauen sind gesenkt. Sein Lachen ist verkrampft.

- **Woran der Power-Seller den verbitterten Gesprächspartner erkennt:**

  Die Mundwinkel sind nach außen oder abwärts gezogen. Die Mundwinkelfalte ist ausgeprägt. Gleichzeitig runzelt er die Stirn. Er spricht langsam und läßt Atemgeräusche vernehmen.

- **Warum der Power-Seller auch den zurückhaltenden Gesprächspartner sofort erkennt:**

  Dieser hat ein verschlossenes Lächeln aufgesetzt oder schmunzelt. Sein Blick ist nach unten gerichtet. Er sucht größeren räumlichen Abstand zum Gesprächspartner. Seine Stimme ist leise, gedämpft und von langsamer Sprechgeschwindigkeit.

Der Power-Seller kommuniziert durch seine Stimme

Jeder beurteilt einen anderen Menschen nach seinem Auftreten, an seinem Augenkontakt und – an seiner Stimme! Sie kennen Sprichworte wie *„Ich kann Dich nicht mehr hören“* oder *„Erst der Ton macht die Musik“*.

Auch „läuft es einigen kalt den Rücken runter“, wenn sie eine bestimmte unangenehme Stimme hören. So fühlen wir uns allein von der Stimme des einen Menschen angezogen, von der des anderen abgestoßen. Woraus folgt: Ihre Stimme ist unglaublich wichtig!

> Mit Ihrer Stimme machen Sie Stimmung!

Der Philosoph Friedrich Nietzsche, der Sätze wie Fallbeile schrieb, äußerte sich über die Bedeutung der Stimme so:

„Das Verständliche an der Sprache ist nicht das Wort selber, sondern Ton, Stärke, Modulation und Tempo, mit dem eine Reihe von Worten gesprochen wird. Kurz, die Musik hinter den Worten, die Leidenschaft dieser Musik, die Person hinter dieser Leidenschaft, alles also, was nicht geschrieben werden kann.“

Wenn Sie diesen Absatz noch einmal langsam lesen und inhaltlich verstanden haben, ist eigentlich schon alles gesagt:

> **Musik – Leidenschaft – Person. An anderer Stelle in diesem Buch haben Sie gelesen: Sympathie – Begeisterung – Vertrauen. Erkennen Sie den Zusammenhang?**

Der griechische Philosoph Sokrates sagt: *„Sprich, damit ich dich sehe.“* Er wußte: Unsere Stimme ist der Ausdruck unserer

Persönlichkeit. Die Stimme kommt aus dem Inneren des Menschen und offenbart sein Innerstes.

Und hier liegt der Grund, warum viele Verkäufer trotz guter Argumente nicht überzeugen können. Ihre Stimme ist nicht trainiert und verrät Angst, Unsicherheit oder mangelndes Selbstvertrauen.

Sie kennen den Ausdruck: Ich bin heute nicht in Stimmung. Das Sprachbild ist eigentlich nur im Umkehrschluß richtig:

Der ängstliche Mensch hat stets eine ängstliche Stimme, der vorsichtige eine vorsichtige, der aggressive eine aggressive Stimme. Der Kraftvolle hat eine kräftige, überzeugte Stimme, der Ruhige eine ruhige Sprechweise. Und so weiter. Die Stimme bringt es an den Tag, was für ein Mensch Sie sind!

Ihre Stimme hat mehr Wirkung auf andere, wenn sie ruhig und tief ist. Niemand hört gern einem Menschen zu, der mit hoher, schriller Stimme spricht.

Wahrscheinlich kennen Sie auch die Erfolgsstory des Demosthenes, des griechischen Redners: Als junger Mensch lispelte und stotterte er, konnte er nur leise sprechen. Da ging er an den Strand und übte sich unermüdlich darin, das Getöse der Brandung mit seiner Stimme zu übertönen. Zusätzlich legte er sich noch Kieselsteine in den Mund. Am Ende wurde er einer der berühmtesten (und gefürchtetsten) Massenredner und Demagogen Griechenlands.

Kann man in Worten die Wirkung einer Stimme beschreiben? In einer Zeitung fand ich dazu kürzlich diese Charakterisierung eines prominenten Redners:

„Er säuselt und schmeichelt, er belfert und bellt, er donnert und blitzt, er schnurrt und gurrt, ist streng und strafend – er

zieht in seinen Bann und macht vergessen, daß er den Text nicht zum erstenmal spricht.“

Es handelte sich um Professor August Everding, der von einem Industrieverband zu einer Rede eingeladen war. Eigentlich ein Allerwelts-Ereignis – aber was hat er daraus gemacht!

Die Zeitung („Die Welt“), der diese bemerkenswerte Beschreibung entnommen ist, notiert ferner: *„August Everding ist der Spieler und das Publikum seine Orgel. Er zieht unerschrocken und routiniert sämtliche Register, und die Zuhörer lieben ihn dafür.“* Ja, Everding ist eine Persönlichkeit, ein Power-Seller auf seinem Gebiet!

„Ein Mensch, der beginnt, an seiner Stimme zu arbeiten, arbeitet am Kern seiner Persönlichkeit! Ein Mensch, der seine Stimme verändert, verändert auch die Struktur seines Charakters“, hat der Psychologe Nikolaus Enkelmann erkannt und dazu spezielle Trainingsprogramme entwickelt, die ich Beratern nur empfehlen kann. Denn (und hier wiederhole ich mich gern):

Lernen Sie richtig sprechen – dann erzielen Sie mit Ihrer Stimme Stimmung!

So arbeiten Sie an Ihrer Stimme

Die Stimme ist Ihre hörbare Visitenkarte! **Suggestive Sprache ist eines der wirksamsten Mittel der Kommunikation.** Ihre Stimme ist Ausdruck ihrer Persönlichkeit, gehört so unverwechselbar zu Ihnen wie Ihr Fingerabdruck!

Doch wie sprechen Sie? Nehmen Sie einen Cassettenrecorder und beginnen Sie auf Band zu sprechen, beispielsweise einen Zeitungs- oder Buchtext. Das Abspielen bringt schnell die häufigsten Fehler an den Tag:

- Sie verschlucken Endsilben.
- Sie leiern Ihren Text monoton herunter.
- Ihre Stimme enthält kaum Überzeugungskraft.

Vielleicht trifft das alles bei Ihnen nicht oder nur teilweise zu. Aber die meisten Menschen machen diese Erfahrung, wenn Sie sich zum erstenmal bewußt ihre eigene Stimme anhören. Beliebter Ausruf: „Das soll ich sein!?“

Noch überzeugender und lehrreicher wird die Demonstration für Sie, wenn Sie einmal Dialoge mit Geschäftsfreunden, etwa am Telefon, oder aus dem Familienkreis aufzeichnen und anhören. (Achtung: Mitschneiden ist verboten!)

Jetzt erfahren Sie, wie Ihre Stimme auf Ihre Mitmenschen wirkt. Vielleicht hören Sie mangelndes Überzeugungsvermögen heraus oder Aggressivität oder Unfreundlichkeit.

Es gibt kaum einen besseren Test, Ihre Unzulänglichkeiten aufzudecken!

Wenn Ihre folgende Selbstkritik dazu führt, daß Sie Abhilfe schaffen wollen, bemühen Sie sich um Atem-, Entspannungs- und Suggestionstechniken! Es gibt genügend Fachliteratur zu diesem Thema. Stellen Sie sich in einen Raum, den Sie mit Ihrer Stimme ausfüllen können und üben Sie täglich!

Wenn Sie Ihre Stimme aufzeichnen und nach einem Monat mit Ihrer letzten Aufnahme vergleichen, werden Sie über den Fortschritt erstaunt sein! Nur die Praxis zählt. Denken Sie an Demosthenes!

Kapitel 6

Der Power-Seller inszeniert seinen Auftritt

Erleben Sie mit, wie der Power-Seller seine Bühne einrichtet

Während der Power-Seller im Begriff ist, seinen Kunden (Mitspieler) zu finden, macht er sich bereits Gedanken, wo und wie die Inszenierung des Verkaufsgespräches ablaufen soll. Oft liegt der Ort aufgrund berufsspezifischer Umstände bereits fest, mitunter kann der Power-Seller wählen: seine **eigenen Geschäftsräume, das Büro des Kunden oder bei ihm zu Hause.** Jeder dieser drei Schauplätze bietet Vor- und Nachteile für die Inszenierung des Verkaufsgespräches.

Eigene Geschäftsräume eignen sich auf ideale Weise für sorgfältig geplante Inszenierungen – von der Kulisse bis zum Auftreten einiger Mitspieler in Nebenrollen.

Der Power-Seller kann den Kunden durch guten Geschmack beeindrucken – beispielsweise durch Möblierung und Ausgestaltung seiner Büroräume. Diplome und Urkunden über eigene Erfolge gehören ebenfalls zu wirkungsvollen Requisiten.

Der psychologische Vorteil, wenn der Kunde im Büro des Power-Sellers empfangen wird: Hier hat der Power-Seller „Heimvorteil", der Kunde bewegt sich auf fremdem Terrain, ist leicht verunsichert, weil er sich nicht an seiner gewohnten Umgebung „festhalten", sich nicht hinter seinem Schreibtisch verstecken kann.

Der Power-Seller hat zudem den Vorteil, im eigenen Büro jederzeit auf sämtliche seiner unterstützenden Verkaufsmaterialien und Hilfsmittel zurückgreifen zu können, die er bei einem Hausbesuch längst nicht alle mitnehmen könnte: Argumentationsmaterial aller Art und in großem Umfang, Muster, Dokumente, Referenzen, Listen mit Zahlen, Daten, Fakten. Aber auch Hilfsmittel wie Video, Overhead-Projektoren, großformatige Fotos usw.

Außerdem gibt das eigene Büro dem Power-Seller die Möglichkeit, durch geeignete Auswahl der Sitzmöbel bewußt einen engeren Abstand zum Kunden zu gewinnen. Er setzt sich auf jeden Fall in seine Nähe.

Je größer der Abstand zwischen Kunde und Power-Seller, desto weniger Kontrolle kann er ausüben. Alle Schreibtische stellen Barrieren zwischen Power-Seller und Kunden dar.

Über diese Barrieren, die Machtspiele hinter dem Schreibtisch, gibt es ausgeklügelte psychologische Erkenntnisse. An der Art, wie der Schreibtisch im Raum plaziert ist, erkennt der Power-Seller sofort die kleinen Machtgelüste des Kunden, wenn er ihn in dessen Büro aufsucht.

Steht sein Schreibtisch in der Mitte des Raumes, sitzt sein Kunde meist mit dem Rücken zum Fenster und hat seine Besucher und die Tür im Auge. Auf den Besucher fällt das volle Licht, sein Kunde bleibt im Schatten. Der Power-Seller konstatiert: Dieser Kunde hat Machtgelüste, muß alles im Blickfeld haben.

Nicht umsonst findet man dieses hübsche machtstrategische Arrangement auch in Behördenstuben. Es signalisiert: Wenn du hier hereinkommst, bist du ein Störenfried. Trage dein Anliegen schnell vor, und dann auf Wiedersehen!

Der Power-Seller verzichtet während des Gesprächs in seinem Büro auf plumpe Inszenierungen. Beispiel: Die Sekretärin platzt herein und fragt unaufdringlich, aber so, daß es der Kunde auf jeden Fall hört: *„Dr. Oberhaupt möchte seinen Termin mit Ihnen um eine Stunde vorverlegen, da er anschließend noch Vorstandssitzung hat. Wenn Sie Ministerialrat Süßwein absagen, könnten Sie es schaffen. Geht das in Ordnung?“*

Der Kunde merkt sofort: Hier soll ihm vorgegaukelt werden,

mit welchen wichtigen Persönlichkeiten sein Gesprächspartner Umgang hat.

Ein abgenutzter und durchsichtiger Trick. Es spricht für die Eigenart der menschlichen Psyche, daß er im Negativen durchaus funktionieren würde.

Wenn etwa die Sekretärin laut verkünden würde: *„Ihr Psychiater hat angerufen, Sie möchten morgen bitte Ihre Zahnbürste mitbringen"*, würde der Kunde es hundertprozentig glauben und eifrig beginnen, gewisse Schlüsse zu ziehen...

Das Kundengespräch im eigenen Büro weist auch Nachteile auf. Der Power-Seller möchte schließlich etwas über seinen Kunden erfahren, um Präsentation und Abschluß entsprechend aufzubauen bzw. zu inszenieren.

Würde das Gespräch in der **Wohnung des Kunden** stattfinden, wäre dessen Leben wie ein offenes Buch für den Power-Seller. Er brauchte sich nur einmal umzusehen und würde dabei Dutzende von Details wahrnehmen.

Sofort würde er erkennen, ob der Kunde „arm" oder „reich" ist, ob kunstsinnig, religiös; ob er vom Wesen her ein „ordentlicher" Mensch ist oder ein Boheme-Typ, welche Bücher er liest und welche Themen ihn bewegen,usw. Und: Der Hausbesuch gäbe ihm die Chance, ein Haustier anzutreffen.

Ich weiß, daß viele Power-Seller sich nicht zu schade sind, immer wieder auf den bewährten „Pudel-Trick" zurückzugreifen: Der Verkäufer sieht den Hund, die Katze und hat seinen Anknüpfungspunkt:

„Das ist ja ein selten schönes (liebes, ausgefallenes, gutgewachsenes,reinrassiges, kluges) Tier! Ein richtiges Prachtexemplar! Geben Sie ihm ein bestimmtes Spezial-Futter?" Schon

kommt ein Aufwärmgespräch in Gang, in dem der Power-Seller den Besitzerstolz des Kunden kitzelt.

Manche Verkaufstrainer schwören auf diesen Einstieg, andere finden ihn abgeschmackt. Ich meine: Der Verkäufer hat gar keine andere Wahl, als auf das Haustier einzugehen (wenn eines vorhanden ist). Haustiere zählen zur Familie. Es wäre unhöflich, gar keine Bemerkung zu machen.

Also kommt es doch wohl nur darauf an, in welcher Weise Komplimente gemacht werden. Der Power-Seller ist kein Zeitschriftenwerber, der der „gnädigen Frau" kübelweise Honig verabreicht! Es wäre unter seiner Würde, sich zu verstellen. Er setzt lediglich seinen persönlichen Stil und seine sympathische Souveränität ein.

Der Power-Seller verrät Ihnen, wie Sie Ihre Beobachtungsgabe trainieren können

Als Power-Seller bin ich, ob ich zum Kunden ins Büro gehe oder der Kunde zu mir kommt, zu Beginn gezwungen, vor allem visuelle Informationen zu gewinnen. Wie sieht der Kunde aus, seine Erscheinung, die Kleidung? Was für ein Auto fährt er, wie sind seine Umgangsformen mit seinen Mitarbeitern? Ich achte auch auf Kleinigkeiten wie Fingernägel, Haar, Schuhe, Ringe, Armbanduhren.

Ich kenne Power-Seller, die einen Fremden mit 20 bis 30 derartiger Details von Kopf bis Fuß präzise beschreiben können, obwohl sie ihn nur kurze Zeit gesehen haben.

Diese Beobachtungsgabe mit der Fähigkeit, aus den gewonnenen Informationen blitzschnell ein Bild der Persönlichkeit des Kunden zu zeichnen, mag vielleicht ein wenig an die Geschichten von Sherlock Holmes erinnern.

Allein die Gabe, aus scheinbar unwichtigen Details ein präzises Bild der Person und ihrer Lebensumstände zu zeichen, würde Mr. Holmes zur Aufnahme in die Gilde der Power-Seller berechtigen!

Selbstverständlich kann diese Gabe nur durch ständiges Training erworben und zur Meisterschaft gebracht werden.
Aber: Es ist nicht ganz leicht!

Bevor ich Ihnen verrate, wie Sie in kürzester Zeit zu einem Detektiv werden können, möchte ich Ihnen schlagend beweisen, wie unterentwickelt Ihre Beobachtungsgabe ist. Beantworten Sie doch einmal schnell diese drei Fragen:

- Wie lautet der Spruch, der auf dem Rand der Ein-Mark-Stücke eingraviert ist?
- Welche Person ist auf der Rückseite der neuen Hundert-Mark-Scheine abgebildet?
- Wessen Unterschrift befindet sich auf sämtlichen Geldscheinen?

Tja, was nun? Ich vermute einmal, daß Sie nicht alle Antworten parat haben, was eigentlich verwunderlich ist:

Jeden Tag haben Sie Geld in den Händen, empfangen es von anderen, geben es an andere. Geld verschafft Ihnen Lebensmittel und das Benzin für Ihr Auto. Gern geben Sie es für die Urlaubsreise oder eine Kinokarte aus – kaufen sich damit Nützliches und Angenehmes.

Geld ist unheimlich wichtig. Die meisten Menschen träumen davon, Berge von Geld zu besitzen. Warum kommt das Geld selten zu diesen Menschen?

Weil sie das Geld im Sinne des Wortes mißachten. Weil sie im Grunde kaum wissen, wie Münzen und Scheine im Detail aussehen! Sie haben sich nie die Mühe gemacht, die „geprägte Freiheit“ (Dostojewski zur Definition des Geldes) einmal genauer anzuschauen:

Das Ein-Mark-Stück hat keine Text-Gravur im Rand, die auf dem Hundert-Mark-Schein abgebildete Person (Clara Schumann) befindet sich auf der Vorderseite und mit ihren Unterschriften auf den Scheinen bürgen die Herren Pöhl und Schlesinger (Bundesbank) für die Stabilität unseres Geldes.

Wären Sie Dagobert Duck, hätten Sie sicher alle Fragen zutreffend beantwortet. Wie wir alle wissen, pflegte der alte Herr in seinem Geldspeicher in seinem Geld zu schwimmen.

Dabei streichelte er die Scheine, roch den Duft des Geldes, hörte den Klang der Münzen, in die er gelegentlich sogar hineinbiß, erfreute sich am Anblick der Geldberge. In anderen Worten: Mit allen seinen Sinnen erfaßte er das Wesen des Geldes!

Und nun zur Auflösung der eigentlichen Frage: Wie Sie Ihre Beobachtungsgabe steigern können.

Die Antwort lautet: Werden Sie ganz einfach neugierig!

Neugierde – ich habe darauf an anderer Stelle bereits hingewiesen – ist eine der ganz hervorragenden Eigenschaften des Power-Sellers. Neugierde an Personen und Sachverhalten, Neugierde an allem, was unsere Welt antreibt und zusammenhält.

Neugierde ist eine Frage der inneren Einstellung. Durch Neugierde können Sie in einem Monat mehr lernen und erfahren als andere in einem Jahr! Neugierde heißt: **Beobachten, Fragen, Lernen.** Werden Sie neugierig!

Stellen Sie sich einmal vor, ein Verkäufer besucht ein Fortbildungsseminar. Wie wird seine Einstellung dazu sein? Er fährt hin, hört sich alle Vorträge an, findet einige sehr lehrreich, schläft bei anderen ein und hat am Ende etwas Fachliches dazugelernt oder ärgert sich über den Verlust von Zeit und Geld.

Nun sehen wir den neugierigen Verkäufer. Der hofft ebenso wie alle anderen auf fachliche Erleuchtungen. Aber zusätzlich beobachtet er alles und jeden, Wichtiges und scheinbar Nebensächliches. Eben weil er gierig auf Neues ist:

- Wie seine Kollegen gekleidet sind. Tragen sie Krawatten, Turnschuhe, Ringe an den Fingern und warum? Welche Autos fahren sie?
- Sind Drei-Tage-Bärte in oder out? Welche Bücher muß man gelesen haben, um up to date zu sein?
- Welche Kollegen wirken überzeugender als andere, und an welchen Eigenschaften und Merkmalen liegt das?
- Worüber sprechen die Kollegen in den Pausen? Gibt es neue Trends, neue Marktchancen?
- Hat jemand das optimale Verkaufsgespräch, mit dem jeder Kunde auch noch im Tiefschlaf überzeugt werden kann?
- Wie treten die Referenten auf, welche Mühe geben sie sich mit ihrem äußeren Erscheinungsbild? Sind sie die Autorität, die sie vorgeben zu sein? Was ist an ihnen nicht überzeugend?
- Wie modulieren sie ihre Stimmlage während des Vortrags? Welche rhetorischen Tricks verwenden sie? Womit bekommen sie ihr Publikum in den Griff?
- Welche Gesten ihrer Körpersprache sind überzeugend und nachahmenswert?

Und so weiter. Sie sehen schon: Dieser Verkäufer hat eine ganz andere Einstellung und nimmt deshalb abseits der Vorträge eine Fülle wertvoller Erkenntnisse und Erfahrungen aus dem Seminar mit.

Der nicht neugierige Verkäufer schimpft unter Umständen noch kräftig auf die Referenten, die ihm nichts beibringen konnten – was selbstverständlich nicht an ihm selbst lag…

Übertragen Sie diese Situation getrost auf alle denkbaren anderen Situationen Ihres Lebens, beruflich oder privat:

Solange Sie den Drang verspüren zu beobachten, zu fragen und hinzuzulernen, solange Sie neugierig sind, gehen Sie doch mit ganz anderen Augen und einer positiven Einstellung auf Ihre Umwelt, auf Menschen und Sachverhalte zu, vergrößern Sie Ihren Erfahrungsschatz rapide.

Denken Sie an den Power-Seller. Der ist ein Mensch, der jeden Morgen mit großer Neugierde aufsteht, um mit offenen Augen und aufgeschlossenem Geist durch den Tag zu gehen.

Wer beschließt, neugierig zu werden, lernt neu sehen! Weiter vorn im Buch, bei der Beschreibung der Eigenschaften des Power-Sellers, haben Sie gelesen: Der Power-Seller blickt tief in den Menschen hinein...(und reagiert dann entsprechend).

Verfolgen Sie, wie der Power-Seller seinen Mitspieler sucht und findet

Während der Power-Seller über die Einrichtung des Bühnenbildes für sein Spiel nachdenkt, ist er gleichzeitig damit beschäftigt, seinen Mitspieler, den Kunden, zu finden.

Am einfachsten findet er die Mitspieler per Telefon. Er muß ja herausfinden, ob sie überhaupt willens sind mitzuspielen – oder sie widrigenfalls freundlich ermuntern, doch mitzumachen. Das geht am Telefon am schnellsten und effektivsten. Heute läßt er einmal Sie, den Leser, an dieser Aktion teilhaben.

„Am Anfang war das Wort“, schrieb der Evangelist Johannes und begann, einen Brief zu schreiben. Der Brief blieb uns erhalten, Sie finden ihn in der Bibel. Wie lange er daran schrieb, bleibt im Dunkel der Geschichte.

„Am Anfang war das Telefon“, sagen Sie als Power-Seller, greifen zum Hörer und machen Termine oder Abschlüsse!

Aber obwohl es heute per Telefon gewiß schneller und effektiver zugeht als in biblischen Zeiten: Sie werden sich vorher sehr viel Zeit nehmen, um ihre Worte gut zu überlegen! Denn die richtigen Worte öffnen Ihnen die Tür zum Kunden!

Kennen Sie das Johannes-Zitat im Original? Es ist wert, näher erläutert zu werden! Denn es gibt kaum eine plastischere und eindrucksvollere Schilderung, was ein Wort bewirken kann, welche Macht es ausüben kann.

Johannes schreibt nämlich nicht nur von dem Wort (des Lebens), *„das wir gehört haben“*. Bei ihm *„sehen wir es“* auch *„mit unseren Augen“* und *„wir betasten es“* sogar *„mit unseren Händen“*. Konnte Johannes das Wort wirklich sehen, gar anfassen?

Führen Sie sich einmal unsere heutigen Sprachbilder vor Augen: Wir können in der Tat Worte sehen und sie betasten, auch wenn viele Menschen sich dieses niemals vergegenwärtigen.

Worte sind, nach allgemeiner Auffassung, eine möglichst kurze Ansammlung von Wörtern, die eine bestimmte Aussage treffen, z.B. eine Lebenswahrheit beschreiben.

Sie kennen den Ausdruck „ein geflügeltes Wort“. Meist handelt es sich dabei um ein Sprachbild – wir können es vor unserem inneren Auge sehen. Sprachlich haben wir dafür Ausdrücke gefunden: Wir „tasten“ oder „klopfen“ die Bedeutung von Worten ab.

Worte existieren also durchaus auch visuell und gegenständlich in unserer Vorstellung. Freilich werden wir uns darüber meist nur dann klar, wenn wir einmal darüber nachdenken. Im Alltag hören wir nicht nur, sondern „sehen" und „fühlen" auch die Worte, die andere uns sagen.

Wenn Sie jetzt um die Bedeutung des Wortes und um das Phänomen des Sehens und Fühlens von Worten wissen, werden Sie am Telefon gerade dort so besonders erfolgreich sein, wo andere Verkäufer schnell aufgeben.

Was Sie nun noch benötigen, ist die Gabe, nach kurzer Zeit den Gesprächspartner am anderen Ende der Leitung als „Bild" vor sich zu sehen. Dann werden auch die Bilder, die sie aussenden, beim Gesprächspartner „gesehen" und „gefühlt" werden können.

Sie meinen, dies klänge doch sehr metaphysisch? Ich möchte nur ein konkretes Erlebnis dagegenhalten, das ich vor einigen Jahren bei einem der genialsten Power-Seller Deutschlands, den ich jemals kennengelernt habe, sammeln durfte.

Ich befand mich zu einer Unterredung, deren Zweck ich heute längst vergessen habe, in seinem Kölner Büro. Als ich eintrat, las er gerade den Wirtschaftsteil der Frankfurter Allgemeinen Zeitung.

Er reichte mir das Blatt und deutete mit dem Finger auf eine kleine Meldung: *„Maschinenbau Müller& Co. im Aufwind"*, oder so ähnlich. *„Passen Sie mal auf, was jetzt passiert,"* sagte mein Gastgeber und griff zum Telefon, bevor ich ein Wort sagen konnte.

Was sich dann ereignete, war in der Tat phänomenal: Binnen einer Minute hatte er sämtliche Vorzimmer und „grauen Eminenzen" passiert und den Firmenchef persönlich am Telefon.

Nach zwei Minuten hatte er seinen Gesprächspartner von der Einmaligkeit seines Angebotes überzeugt.

Nach etwa zehn Minuten hatte er diesem für ihn wildfremden Menschen eine Immobilie im Wert von 250 000 Mark vermittelt, unter anderem, weil er Nutzen und Vorteil für den Kunden detailliert darstellte.

An manche Details erinnere ich mich nicht mehr genau – zu überrascht war ich. Aber an dieses: Er gratulierte anfangs dem Firmenchef zu seinen Exporterfolgen, verband dies mit dem Hinweis, daß Herr Müller normalerweise acht Monate nur für das Finanzamt arbeitete, wies auf die Notwendigkeit hin, Gewinne steuergünstig anzulegen, präzisierte sein Angebot.

Anschließend schickte er ein Taxi mit Zeichnungsscheinen zum Kunden. Der unterschrieb – und eine Stunde später war der Schein wieder im Haus des Power-Sellers.

Die kleine Geschichte ist ein Beispiel dafür, was Worte am Telefon vermögen. Das Telefon wird auch für Sie zum Schlüssel des Verkaufs, wenn Sie einige wichtige Grundsätze beachten. Zum Beispiel:

Die acht goldenen Telefon-Regeln des Power-Sellers

1. Vor dem Anrufen nachdenken! Warum rufe ich an, wen will ich erreichen? Wann ist der beste Zeitpunkt für meinen Anruf? Was will ich erreichen?

2. Ich begrüße den Kunden mit seinem Namen und stelle mich mit meinem eigenen Namen vor. Ich nenne mein Anliegen und stelle den Nutzen heraus. Ich sage meinem

Gesprächspartner, wie lange das gewünschte Gespräch dauern soll und mache einen Terminvorschlag mit Alternativfrage.

3. Ich spreche mit klarer deutlicher Stimme. Ich bin konzentriert und positiv gestimmt. Ich lächle meinem Gesprächspartner zu.

4. Ich habe alle Arbeitsunterlagen vor mir auf dem Schreibtisch und einen Notizblock, auf dem ich mir sofort alles notiere, was mein Gesprächspartner mir mitteilt.

5. Ich versuche abseits vom Geschäftlichen Informationen zu erhalten, die meinen Gesprächspartner als Menschen betreffen.

6. Ich achte auf völlige Ruhe in meiner Umgebung. Mein Gesprächspartner soll nicht den Eindruck erhalten, ich telefonierte aus einer Telefonzelle am Hauptbahnhof oder einem Großraumbüro mit 100 Mitarbeitern.

7. Ich höre interessiert zu und vermittle dies durch gelegentliche Bemerkungen. Der Ton meines Gesprächspartners verrät mir, in welcher Stimmung er sich befindet.

8. Ich strahle am Telefon. Meine Stimme klingt optimistisch.

Wenn der Power-Seller telefoniert, ist er sich bewußt, daß er seinen Gesprächspartner gerade bei irgendeiner Arbeit stören könnte. Er wird also gleich zu Beginn den Grund seines Anrufes nennen und auch mitteilen, wieviel Zeit das Gespräch in etwa in Anspruch nehmen wird.

Redewendungen hierfür sind etwa:

- *Können Sie mir genau drei Minuten Zeit widmen? oder*
- *Ich habe nur drei kurze Fragen an Sie!*

Denken Sie daran, daß Sie kaum eine überzeugende Einwandsbehandlung am Telefon vornehmen können – Sie müssen also direkt auf Ihr Ziel lossteuern!

Empfehlenswert: ein kurzes Manuskript der Punkte, die Sie am Telefon behandeln wollen! Dann haben Sie ihren roten Faden und das Gespräch im Griff!

Ebenfalls notieren sollten Sie vor dem Gespräch mögliche Einwände und was Sie darauf knapp entgegnen wollen.

Und dann halten Sie ebenfalls schriftlich vorher Ihre Ziele fest. Nämlich: Was will ich als Minimalziel erreichen, was kann ich als Maximalziel erreichen? Am Telefon können Situationen blitzschnell wechseln. Haben Sie Ihre Ziele vor Augen, werden Sie erinnert, sofort mit den richtigen Gedanken nachzustoßen!

Sprechen Sie möglichst nicht von **ich; wir; unser; mein,** sondern von **ihnen; Sie; unser gemeinsamer…**

Ihre Stimme ist selbstbewußt und suggestiv. Freundlichkeit und Höflichkeit sind unabdingbar.

Der Power-Seller telefoniert absolut zuversichtlich, denn er will ja dem Kunden einen Nutzen bringen – es gibt keinen Anlaß zu Unsicherheit oder Entschuldigungen!

Worauf achten Sie noch im Gespräch? Sie geben Ihrem Partner am anderen Ende der Leitung das Gefühl, daß Sie sich eingehend mit seinem Problem, seiner Tätigkeit beschäftigt haben!

Und Sie sprechen begeisternd! Denken Sie daran, daß Ihr Gesprächspartner Sie nur anhand Ihrer Stimme „sehen“ kann!

Selbstverständlich haben Sie Ihren Telefonplatz hervorragend organisiert: zwei Stifte (meist versagt ein Kugelschreiber in wichtigen Situationen), ein möglichst freier Tisch, abgeschirmt gegen Lärm und Unruhe. Wichtig: Der Terminkalender muß aufgeschlagen vor Ihnen liegen!

Vereinbaren Sie einen Termin, halten Sie sich am besten an einen kurzen Ablauf:

1. Nennen Sie Ihren Namen und wiederholen ihn mit dem Vornamen und Ihrer Funktion bzw. mit dem Namen der Firma, die Sie vertreten.

2. Sie nennen den Grund Ihres Anrufs und (siehe oben) die beabsichtigte Dauer des Gesprächs.

3. Formulieren Sie einige Sätze, die Ihr Gesprächspartner mit Ja bestätigen kann. Sie müssen eine positive Atmosphäre schaffen.

4. Unterstreichen Sie den Nutzen für den Kunden und bereiten Sie den Terminwunsch vor, indem Sie anbieten, das vorher kurz skizzierte im Detail zu zeigen, vorzuführen, zu besprechen.

5. Für den gewünschten Termin vereinbaren Sie eine kurzbemessene Zeit, beispielsweise 15 Minuten.

6. Sprechen Sie bei der Terminfestlegung mit Dynamik in der Stimme: „Mittwoch um 18 Uhr? Wunderbar, das paßt mir auch sehr gut!“ Wiederholen Sie den Termin, um Mißverständnisse auszuschalten!

7. Vergessen Sie nicht, sich zu bedanken! Schließen Sie ab mit einer positiven Bemerkung. Etwa: „Ich freue mich schon auf das Gespräch mit Ihnen."

Zum Abschluß drei kleine Kunstgriffe des Power-Sellers:

- **Durch das Telefon „sehen"**

Der Power-Seller will bei Dr. Meier einen Termin vereinbaren. Er erfährt bei seinem Anruf, daß dieser erst am 15. des Monats von seinem Spanienurlaub zurückkehren wird.

Ein paar Tage nach dem 15. ruft er an und eröffnet das Gespräch wie folgt: „Donnerwetter, sind Sie braungebrannt, Herr Dr. Meier." Meier ist verblüfft und lacht. Kann sein Anrufer ihn durchs Telefon sehen? Kennt er ihn etwa?

Das Eis ist gebrochen! Der Power-Seller erläutert nun, warum er „sehen" kann, daß Dr. Meier braungebrannt ist und kommt dann auf den eigentlichen Grund seines Anrufes zu sprechen.

- **Einen Termin vereinbaren**

Bevor der Power-Seller die bekannte Alternativ-Frage stellt: „Paßt es Ihnen besser am Montag, 11.20 Uhr oder am Mittwoch, 18.00 Uhr?", hat er vorher schon gefragt: „Paßt es Ihnen besser am Vormittag oder am Nachmittag?"

Die Alternative Vormittag oder Nachmittag zwingt den Kunden praktisch schon zu einer grundsätzlichen Gesprächszusage. Die Festlegung von Tag und Uhrzeit fällt dann umso leichter.

- **Einen „unvergeßlichen“ Termin vereinbaren**

  Wenn der Power-Seller bestätigt: „Also gut, am Freitag um 10.14 Uhr sehen wir uns“, wird der Kunde diesen Termin so leicht nicht vergessen. Variationen: 11.11 Uhr, 16.16 Uhr usw. Fragt der Kunde nach, kann der Power-Seller etwa sagen: „Ich bin ein Anhänger des Zeitmanagements.“

  Auf jeden Fall vermeidet der Power-Seller bei der Vereinbarung von Terminen am Telefon sogenannte glatte Termine: 10.00 Uhr, 12.00 Uhr. Der Grund: Die Kunden haben eine innere Uhr und stets die Zeitspanne bis zur nächsten vollen Stunde im Kopf. Sie vermuten unterschwellig, daß der Power-Seller eine ganze Stunde ihrer Zeit in Anspruch nehmen will.

  Wird der Termin auf 10.30 Uhr vereinbart, registriert der Kunde dies automatisch als einen halbstündigen Termin. Solche Termine akzeptiert er leichter.

So enkräftet der Power-Seller Einwände am Telefon

Die nachfolgenden Vorschläge zur Einwandentkräftung stammen aus dem Bereich des Telefon-Marketings für Kapitalanlagenberater, sind aber sinngemäß auf alle Sektoren des Verkaufs übertragbar. Kunden haben nun einmal am Telefon stets gleichlautende und wiederkehrende Einwände.

Kunde: „Ich habe keine Zeit!“

Power-Seller: „Dafür habe ich Verständnis! Auch ich habe nur wenig Zeit! Aber in nur drei Minuten Ihres Lebens kann ich Sie überzeugen, daß es um ein Thema geht, das von größter Wichtigkeit für Sie ist…“

Kunde: „Ich habe im Augenblick keine Zeit!"

Power-Seller: „Herr Müller, Rockefeller hat schon gesagt, es ist wichtiger, einen Tag im Monat über sein Geld nachzudenken als 30 Tage zu arbeiten! Wir brauchen nur 25 Minuten! Bitte nennen Sie einen Termin, der Ihnen passend wäre! Ich bin am Montag und Dienstag in Ihrer Gegend und könnte Sie am Montag vormittag oder am Dienstag nachmittag kurz aufsuchen!"

Kunde: „Ich habe kein Interesse!"

Power-Seller: „Ja, das kann ich durchaus verstehen, daß Sie nicht gleich interessiert sind an einer Sache, von der Sie vielleicht nicht überzeugt sind oder über die Sie noch nicht ausreichend informiert worden sind. Sie werden berechtigte Fragen oder Zweifel haben. Darf ich Ihnen diese beantworten? Paßt es Ihnen..."

Kunde: „Beteiligungen interessieren mich nicht!"

Power-Seller: „Das kann ich gut verstehen, Herr Müller. Ich kann auch nicht erwarten, daß Sie sich für etwas interessieren, dessen Nutzen Sie noch gar nicht kennen. Gerade deshalb möchte ich gern mit Ihnen persönlich sprechen. Wäre Ihnen mein Besuch am Montag oder am Dienstag angenehm?"

Kunde: „Können Sie mir die Unterlagen nicht per Post schicken?"

Power-Seller: „Herr Müller, bei unseren Unterlagen handelt es sich um eine ausgeklügelte Konzeption, die erklärungsbedürftig ist und unbedingt auf Ihre persönliche Lage zugeschnitten werden muß. Es wäre deshalb besser, wenn ich Sie am Montag oder am Dienstag besuchen würde. Paßt es Ihnen am Vormittag oder am Nachmittag?"

Kunde: „Es tut mit leid, aber ich habe kein Geld!"

Power-Seller: „Herr Müller, ich bin mir darüber klar, daß nur Sie allein Ihre finanzielle Situation beurteilen können. Sie sollten sich aber trotzdem jetzt in Ruhe mit den grundsätzlichen Fragen beschäftigen, die für eine zukünftige Entscheidung wichtig sind! Darf ich Sie am Montag oder Dienstag besuchen!?"

Oder:

„Ja, das kann ich gut verstehen. Es gibt sicher nur wenige, die immer aus dem vollen schöpfen können. Geht es aber nicht gerade dann darum, wie Sie mit einem Minimum an eigenen Mitteln das Beste für die Sicherung der Zukunft tun können? Hierbei wäre ich gern behilflich. Darf ich Sie deshalb am nächsten Mittwoch oder am Wochenende besuchen?"

Kunde: „Wir können im Augenblick nicht übersehen, wie das Geschäft läuft!"

Power-Seller: „Herr Müller, es geht nicht um ein schnelles Geschäft, sondern darum, Sie erst einmal von den Möglichkeiten und Vorteilen unseres Angebotes zu überzeugen. Paßt Ihnen mein Besuch am Montag oder am Dienstag besser?"

Kunde: „Eine solche Entscheidung muß ich mit meinem Partner besprechen!"

Power-Seller: „Dafür habe ich volles Verständnis, Herr Müller. Wann können wir uns mit Ihrem Partner zusammensetzen?"

Kunde: „Wir kommen auf Ihr Angebot zurück!"

Power-Seller: „Herr Müller, Ihr Interesse an Beteiligungen mag im Augenblick nicht groß sein, aber ich würde Ihnen trotzdem gern die Vorteile aufzeigen, die eine Beteiligung für Sie haben kann!"

Kunde: "Sie wollen mir jetzt sicher etwas verkaufen?"

Power-Seller: „Sicherlich will ich Ihnen gerne etwas verkaufen, Herr Müller. Vorausgesetzt, daß es Ihnen den Nutzen bringt, den Sie sich davon versprechen. Können wir darum diese Fragen einmal gemeinsam untersuchen? Darf ich am Montag kommender Woche zu Ihnen kommen, oder wäre Ihnen der Freitag angenehmer?"

Kunde: „Ich muß mir alles noch einmal überlegen"

Power-Seller: „Herr Müller, im Grunde haben wir doch die wesentlichen Punkte besprochen, um die es hier geht, meinen Sie das nicht auch? Darf ich Sie jetzt ganz offen fragen: Welcher Art sind denn Ihre Bedenken?"

Kunde: „Ich werde mir das überlegen und rufe Sie dann nächste Woche wieder an!"

Power-Seller: „Gern Herr Müller! Können wir der Einfachheit halber verabreden, daß ich Sie am Mittwoch am späten Nachmittag anrufe oder ist Ihnen der Donnerstag vormittag lieber?"

Kunde: „Ich möchte erst noch mit meiner Frau (meinem Steuerberater) darüber sprechen!"

Power-Seller: „Ja, Herr Müller, das verstehe ich sehr gut. Können wir vielleicht ein gemeinsames Gespräch mit Ihrer Frau (Steuerberater) für Ende der Woche vereinbaren, oder wäre Ihnen ein Gespräch zu Beginn der kommenden Woche lieber?

Begleiten Sie den Power-Seller bei seinem ersten Auftritt!

Der Kunde hat am Telefon zugestimmt, in Ihrem Stück mitzuspielen. Allerdings: Bevor er sich näher mit dem Inhalt der Aufführung befaßt, will er erst einmal Sie persönlich in Augenschein nehmen. Über alles Weitere wird er dann mit sich reden lassen. Das hat er nicht gesagt, aber so denkt er!

Ihr vorbereitendes Interesse muß sich daher jetzt in erster Linie auf die ersten Minuten Ihres Auftretens richten. Die unglaubliche Bedeutung des ersten Augenblicks sollte Ihnen bewußt sein!

Ein erfolgreicher Geschäftsmann (in diesem Fall der Kunde) sieht nicht immer aus wie ein erfolgreicher Geschäftsmann. Es gibt Unternehmer und Selbständige, die das Tiefstapeln perfekt beherrschen, nachlässig gekleidet sind, sich unhöflich benehmen usw.

Der Power-Seller hingegen muß, wenn er das Büro des Kunden betritt, aussehen wie ein Power-Seller und sich benehmen wie ein Power-Seller, wie eine Vertrauen und Begeisterung ausstrahlende Person.

Und diese Eigenschaften muß er in den ersten paar Sekunden seines Eintretens bereits deutlich signalisieren. Der erste Eindruck ist entscheidend – eine scheinbar abgedroschene Erkenntnis, aber immer noch so wichtig und bedeutsam wie am ersten Tag.

Zum ersten Eindruck zählen der Gang, die Mimik, die Körpersprache ebenso wie das äußere Erscheinungsbild und die Sprache. Im vorangegangenen Kapitel habe ich darauf hingewiesen.

Zum Aussehen: Sie mögen ein ziemlicher Trottel oder die Reinkarnation des Genies Albert Einstein sein – andere beurteilen Sie garantiert zunächst einmal nur nach dem, was Sie anhaben. Heiratsschwindler haben diese Kunst zur Perfektion erhoben und könnten Bücher darüber schreiben...

Sie mögen jede Menge geschäftlicher oder privater Probleme haben, deren Last Sie niederdrückt. In das Büro des Kunden gehen Sie aufrecht wie ein Ausrufezeichen, signalisieren mit Ihrer Körperhaltung Tatkraft und Dynamik!

Verkäufer sollten grundsätzlich nie zu spät zu ihrem Termin kommen! Sollte der Fall doch einmal eintreten, begehen Sie nicht diesen verhängnisvollen Fehler: Sie stürzen auf den Kunden zu, wollen sich wortreich entschuldigen, verhaspeln sich, bringen sich sofort in eine Position der Verlegenheit.

Sie als Power-Seller werden in einem solchen Fall, der immer mal eintreten kann, gemessen ins Büro schreiten und sich in Offenheit entschuldigen.

- Sobald die Tür aufgeht, gehen Sie selbstbewußt hinein, als kraftvolle, positive und **sympathische Gestalt.** Das ist das Bild, das der Kunde als erstes mit seinen Augen erfaßt. Es ist sein erster, wichtigster Eindruck. Ein Eindruck, der verbleibt – es sei denn, Sie zerstören ihn selbst wieder!
- Der zweite wichtige Eindruck betrifft den **Augenkontakt.** Als Power-Seller werden Sie Ihrem Kunden voll ins Gesicht sehen und gewinnend lächeln. Damit signalisieren Sie dem Kunden: „Du bist eine sympathische Persönlichkeit, ich mag dich.“ Zugleich verdeutlicht dieser Blick: „Ich habe Selbstvertrauen, kann jedem in die Augen schauen und habe keine Angst vor dir.“
- Der dritte, wichtige Eindruck betrifft die **Stimme.** Wenn Sie deutlich ihren Namen nennen, drücken Sie damit aus: Die-

ser Name ist der wichtigste Begriff in meinem Wortschatz, ist mein bestes Kapital.

Denken Sie an die Kreditkartenwerbung. Dort heißt es: *„Bezahlen Sie nur mit Ihrem guten Namen.“* So ist es. Ihr Name ist Ihr Kapital. Also legen Sie Wert auf eine gebührende Präsentation Ihres Namens!

Sie stellen sich etwa so vor: *„Mein Name ist Schulze, Heinrich Schulze von der XY-Gesellschaft.“* Dabei überreichen Sie Ihre Visitenkarte. Nennen Sie immer Ihren Namen in Verbindung mit der von Ihnen vertretenen Firma! Denn (aus der Sicht des Kunden): Wer ist Schulze?

Mit entschlossenem, selbstsicherem Auftreten bestimmen Sie, wie der Kunde Sie behandelt. Der Kunde wird nun, so er griffbereit hat, auch seine Visitenkarte überreichen.

Ist das nicht der Fall und haben Sie bei der Vorstellung den Namen nicht deutlich verstanden, fragen Sie bestimmt und höflich so oder ähnlich zurück: „Schreiben Sie Ihren Namen mit ‘ck’ oder einem ‘k’?“ Der Kunde wird dann seinen Namen noch einmal deutlich nennen, denn auch sein Name ist „wertvoll“!

Noch etwas ereignet sich in diesen bedeutsamen ersten zehn Sekunden, die praktisch über einen positiven oder negativen Eindruck entscheiden:

Sie und der Kunde reichen sich die Hand. Ihr Händedruck ist fest, aber nicht zu fest. Der Kunde soll auf diesem Wege die Erfahrung machen: Dieser Mensch weiß, was er will!

In diesen ersten zehn Sekunden, die über den gelungenen Beginn entscheiden oder nicht, nennen Sie lediglich Ihren Namen, versuchen aber nach Möglichkeit, ansonsten nichts zu sagen.

Wenn Sie allein durch nonverbale Kommunikation wirken, also durch die Haltung und Ausstrahlung Ihres Körpers und Gesichtes, verstärken Sie den Eindruck ungemein!

In einem Fachbuch fand ich einen sehr anschaulichen Vergleich:

Die ersten zehn Sekunden – das ist die Startphase einer Rakete. Hier entscheidet sich, ob die Zündung geglückt ist und die Rakete abhebt!

Die nächsten drei Minuten entscheiden, ob die Rakete die Umlaufbahn erreicht. **In diesen drei Minuten** – ich habe das an anderer Stelle beschrieben – **versucht der Power-Seller den Kunden zu begeistern.**

Er knüpft an einen Gegenstand an, den er im Büro des Kunden vorfindet und begeistert sich daran. Vielleicht hängt eine Urkunde, ein Diplom an der Wand – der Power-Seller nimmt dies zum Anlaß, den Kunden zu befragen, zu loben und aufzubauen.

Bis jetzt hat der Power-Seller kein Wort über geschäftliche Dinge verloren. Erst nachdem die Rakete also auf ihrer Umlaufbahn ist, beginnt der „Astronaut“ mit seiner eigentlichen Arbeit.

Der Power-Seller weiß: **Er hat jetzt 15 Minuten Zeit, sein Gespräch zu führen und durch Fragen geschickt zu steuern – bis zum Abschluß.**

Ich kenne Power-Seller, die kurz vor dem Besuch beim Kunden eine einminütige Konzentrationsübung veranstalten, z. B. im Auto auf dem Parkplatz. Sie stellen sich vor, sie wären der Kunde und würden sich jetzt selbst erwarten.

Sie versuchen, in die Erwartungshaltung des Kunden einzudringen, die etwa von folgenden Fragen bestimmt wird:

- *„Ist er pünktlich? Sieht er gut aus? Sieht er mich an? Spricht er mich an?“*
- *„Nennt er meinen Namen? Kann ich ihn verstehen?“*
- *„Weiß er, was er will, macht er einen sicheren Eindruck?“*
- *„Was will er von mir? Kann er mir nützen? Akzeptiert er mich?“*
- *„Will er mir nur etwas verkaufen?“*
- *„Ist er kompetent, hat er sich vorbereitet? Macht er einen interessierten Eindruck?“*
- *„Kann ich mich auf ihn verlassen? Kann ich ihm vertrauen?“*

Der Power-Seller geht diese Fragen in seinem Geiste durch, erringt die Gewißheit, sie alle mit Ja beantworten zu können – und trifft mit einer begeisternden Ausstrahlung auf den Kunden.

Wie der Power-Seller seine Kunden beeinflußt

Gleichgültig wo das Gespräch mit dem Kunden stattfindet und wieviele nützliche Informationen der Power-Seller vorher gesammelt hat, werden ihm in der Mehrzahl der Fälle erst die anfänglichen Minuten des Zusammentreffens Aufschluß über den weiteren Verlauf des Stückes geben.

Es wird sich herausstellen, ob die Inszenierung des Power-Sellers im großen und ganzen wie geplant abläuft, oder ob er die gesamte Dramaturgie, einer Eingebung folgend, umwerfen muß.

Denn um sich selbst gebührend in Szene setzen zu können,

muß er das zu inszenierende Stück auf den Charakter des Kunden zuschneiden.

Vor dem Gesprächstermin geht der Power-Seller daher im Geiste noch einmal durch, wer sein Gegenüber ist (dies hat er durch ein Telefon-Vorgespräch oder aus anderen Informationsquellen erfahren) oder sein könnte.

Der Power-Seller ist sich darüber klar, daß die Kunden-Typologisierung Schwächen hat. In der Theorie müssen nur die richtige Schublade aufgezogen, die jeweiligen Argumente entnommen werden – schon kann nichts mehr schiefgehen. Wie schön, wenn das so einfach wäre...

Der Power-Seller weiß, daß grundsätzlich kein Mensch wie der andere ist. Also gilt es, vorher richtig zu beobachten, um dann erst zu urteilen. Die meisten Menschen hingegen behandeln andere Menschen oft, ohne sie vorher richtig beobachtet und beurteilt zu haben.

Wenn wir diese Schritte – Beobachten, Beurteilen, Behandeln – richtig anwenden, erhöhen wir wesentlich unsere Verkaufserfolge! Diese Methode läßt sich auch auf Ihre Privatsphäre übertragen!

Selbst der cholerische Kunde Meyer unterscheidet sich auf mehr oder minder subtile Weise vom cholerischen Kunden Schmidt. Es sind diese Nuancen, die der scharfen Beobachtungsgabe des Power-Sellers nicht entgehen und die häufig seine Strategie bestimmen.

Der wahre Schwachpunkt dieses Sortierens nach Schubladen liegt darin, daß die wenigsten Kunden als Archetypen vorkommen, d.h., sie besitzen im Normalfall nicht nur ein bestimmendes Persönlichkeitsmerkmal, sondern tragen eine Fülle unterschiedlicher Eigenschaften in sich.

Hinzu kommt: Auch Kunden sind schlau, spielen mehr oder minder überzeugend aus verschiedensten Gründen eine Rolle vor.

Die Überlegenheit des Power-Sellers besteht zu einem guten Teil darin, daß er seine Schauspieler-Kollegen (die Kunden) durchschaut und ihnen unmerklich eine neue Rolle zuweist: die des überzeugten, zufriedenen Kunden.

- **Der neugierige Kunde tritt auf**

- **Seine Rolle:** ein Kunde, der gern wissen will, was los ist. Er möchte Informationen über das Produkt, die er sich geduldig anhört. Dieser Kunde muß durch eine besonders dynamische Präsentation begeistert werden.

- **Die Regie des Power-Sellers:** Er wird ihm das Gefühl vermitteln, auf etwas Besonderes gestoßen zu sein. Der Power-Seller wird etwa die Einzigartigkeit des Produktes oder eines bestimmten Details herausheben und seinen Nutzen erklären. Wenn er dazu noch eine exklusive Information „aus dem Nähkästchen" erzählt, ist der Kunde befriedigt.

  Dabei schraubt er die Begeisterung immer höher und läßt sich die Wirkung bestätigen: „Hat Sie das überzeugt? Sind Sie nicht auch der Ansicht...? Kennen Sie ein besseres Produkt?"

  Dieser Kunde will lediglich genügend begeistert werden. Der neugierige Kunde ist ein Impulskäufer.

- **Der gleichgültige Kunde tritt auf**

- **Seine Rolle:** In seinen Umgangformen ist er häufig unhöflich bis arrogant: *„Was ist schon dabei, ob ich kaufe oder nicht"*, drückt seine Miene aus. Er verfolgt das Verkaufsgespräch sichtlich gelangweilt, blickt öfters demonstrativ auf die Uhr.

- **Sein wahrer Charakter:** Dieser Kunde, der so tut, als ob ihm alles gleichgültig sei, ist in Wahrheit hellwach. Er sucht nach Widersprüchen oder Unsicherheiten in der Verkaufspräsentation und freut sich, wenn er welche gefunden zu haben glaubt. Diese Einwände wird er niemals laut äußern, sie addieren sich in seinem Inneren, bis sie die Höhe des Mount Everest erreicht haben.

- **Die Regie des Power-Sellers:** Er erkennt die Gefahr, die darin liegt: Je länger die Produktpräsentation, desto mehr Hindernisse werden aufgetürmt. Dieser Kunde muß zuerst aus seiner Gleichgültigkeit gerissen und „umgedreht" werden. Der Power-Seller wird diesen Kunden begeistern, begeistern, begeistern müssen! Hier hilft das kurze Aufzählen von Vorzügen des Produktes. Der Kunde muß immer wieder und noch einmal neugierig gemacht werden, damit er am Ende starkes Interesse am Produkt verspürt!

❑ **Der Nein-Sager tritt auf**

- **Seine Rolle:** *„Ich kaufe heute nicht und morgen auch nicht"*, gibt dieser Kunde nachdrücklich zu erkennen. Er sagt es mit Worten und noch deutlicher mit ablehnender Körpersprache.

- **Sein wahrer Charakter:** Die Abwehrhaltung ist nichts weiter als ein Schutzschild, nicht besonders ernst gemeint. Im Widerstand ohne Argumente sieht der Kunde seine einzige Chance, seiner Schwäche, die er sehr wohl kennt, nicht zu erliegen.

- **Die Regie des Power-Sellers:** Er durchschaut diesen Kunden sofort und schmunzelt innerlich. Denn in Wahrheit hat ihm dieser Kunde gerade mitgeteilt: *„Ich kann keinem guten Angebot widerstehen“* So wird er ungerührt mit seiner Präsentation freundlich fortfahren und besonders viel Begeisterung auf den Kunden übertragen. Am Ende offeriert er eine besonders günstige Kondition, die selbstverständlich nur für diesen einen speziellen Kunden gilt und die dieser einfach nicht ausschlagen kann.

❑ **Der ängstliche Kunde tritt auf**

- **Seine Rolle:** Seine Abwehrhaltung äußert sich in Angst, die er vor allem durch Körpersprache zum Ausdruck bringt: Nervös spielt er mit Gegenständen herum, seine Blicke schweifen von hier nach dort.

- **Sein wahrer Charakter:** Er fühlt sich durch die pure Anwesenheit des Power-Sellers bedroht, hat Angst vor den Fragen, die dieser an ihn richten könnte. Er weiß, daß man ihn überreden kann, alles zu kaufen.

- **Die Regie des Power-Sellers:** Er wird blitzartig in die Rolle des verständnisvollen Psychotherapeuten schlüpfen und der Situation das Bedrohliche nehmen, indem er vorsichtige Komplimente macht, um das Selbstvertrauen seines Kunden aufzubauen. Auf keinen Fall darf er bei diesem Kunden in die Privatsphäre eindringen – das würde diesen noch mehr verunsichern.

Vielleicht erzählt der Power-Seller jetzt eine Geschichte, die ich hier nicht mit vorgefertigten Dialogen, sondern nur inhaltlich wiedergeben möchte: Die Geschichte handelt von einem anderen Kunden, der sich nur zögernd entscheiden konnte,das Angebot anzunehmen. Alle Einwände, die der damalige Skeptiker angeführt hatte, wurden inzwischen durch die Praxis so glänzend widerlegt, daß in der Folge für unseren Power-Seller eine Fülle von Empfehlungen resultierte.

Das Ende der Erzählung, „Auch Sie, Herr Kunde, werden mich in Kürze mit Überzeugung weiterempfehlen – davon bin ich fest überzeugt."

Der Power-Seller weiß, daß er diesen Kunden leicht steuern kann, wenn es ihm gelungen ist, dessen Selbstvertrauen aufzubauen. Dieser Kunde braucht in hohem Maße die Führung des Power-Sellers und sein Vertrauen.

❑ **Der Ja-Sager tritt auf**

- **Seine Rolle:** Ähnlich wie beim Nein-Sager, der ein deutliches Ja meint, verhält es sich beim Ja- Sager. Er meint Nein, obwohl er in allem mit den Ausführungen des Power-Sellers übereinstimmt, ständig bestätigend mit dem Kopf nickt oder andere Gesten der Zustimmung erkennen läßt.

- **Sein wahrer Charakter:** Insgeheim ist dieser Kunde wild entschlossen, nicht und unter keinen Umständen zu kaufen! Vielleicht ärgert er sich sogar, sich überhaupt auf diesen Termin eingelassen zu haben. Er hofft, daß das Gespräch um so schneller beendet ist, je häufiger er zustimmt. Manche Ja-Sager hingegen sind ängstlich und glauben, durch häufige Zustimmung den Power-Seller beschwichtigen zu können.

- **Die Regie des Power-Sellers:** Er erkennt die Situation: Es ist sinnlos, mit seiner Präsentation fortzufahren. Am Ende würde er ins offene Messer der totalen Ablehnung laufen. Der Power-Seller wird an einem bestimmten Punkt seine Präsentation abbrechen und unvermutet ohne Aggressivität, aber mit fester Stimme eine Schockfrage stellen (und den Kunden mit den Augen dabei festhalten):

  „Darf ich für einen Moment einmal ganz persönlich werden: Sie irritieren mich, Herr Kunde. Ich spüre trotz Ihrer Zustimmung starke Vorbehalte. Wir sollten jetzt einmal ganz

offen darüber reden, warum Sie im Grunde gar nicht kaufen wollen und mir dieses verschweigen.“.

In aller Regel ist der Ja-Sager dann verblüfft, weil seine geheimsten Gedanken durchschaut wurden. Streitet er den Sachverhalt ab, muß er sein Ja-Sagen auch weiterhin durchalten bis zum Abschluß des Geschäftes. Damit hätte er sich in seiner eigenen Falle verfangen.

Gibt er die Sachlage zu, kommt ein offenes Gespräch in Gang. Die Verstellung ist abgebaut, jetzt kann entspannt geredet werden. Nichts ist dem Power-Seller lieber als das, gehört es doch zu seinen besonderen Fähigkeiten, aus Gegnern Freunde zu machen.

Am Ende sitzt der Ja-Sager mit dem Power-Seller in einem Boot. Sie teilen ein gemeinsames Geheimnis und werden zusammen Geschäfte machen.

❑ **Der Kunde, der alles besser weiß, tritt auf**

Der herkömmliche Verkäufer begibt sich bei diesem Kunden auf einen Horror-Trip. Egal, wo er ansetzt, der Kunde weiß alles viel besser...

- **Seine Rolle:** Dieser Kunde weiß alles besser und hat den starken Drang, dies dem Verkäufer unverzüglich mitzuteilen. Am liebsten würde er die gesamte Gesprächsführung unter seine Kontrolle bringen. Er läßt kein Argument gelten. Er ist entweder autoritär, verbittet sich Widerspruch, oder er ist – schlimmer noch – ausgemacht wohlwollend. Sein pädagogischer Zeigefinger sagt alles!

- **Sein wahrer Charakter:** Er weiß, daß er in Gegenwart des Power-Sellers schwach ist und verschanzt sich hinter seinem *„Ich weiß alles besser!“*, um keine Schwäche zu zeigen. Er will vom Power-Seller auf keinen Fall übertrumpft werden. Ärgerlich oder geduldig – je nach Temperament – wird er dem Power-Seller einen Vortrag halten, warum sein Produkt unzulänglich ist.

- **Die Regie des Power-Sellers:** Er weiß, daß er diesen Kunden nicht übertrumpfen oder eingeschüchtern darf. Je stärker sich der Power-Seller aufbauen würde, desto enger würde sich der Besserwisser hinter seinem Schutzschild verschanzen. Der Power-Seller wird den Redefluß des Kunden fördern, ihn aber unmerklich vom Produkt auf Dinge lenken, die unbeschadet kritisiert werden können: die Tagespolitik, das Fernsehprogramm etc.

Stets wird der Power-Seller dem Kunden höflich zustimmen und so tun, als ob er selbst etwas dabei lernen würde. Er ist bescheiden, läßt den Kunden ausreden und lobt sein Ego.

Er begleitet den Kunden in dessen Selbstgesprächen bis zu einem Punkt, an dem der Holzhammer niederfällt: *„Wir müssen uns nun aber wirklich dem Geschäft zuwenden“*, wird der Power-Seller unvermutet einwerfen. Dabei benutzt er eine völlig neutrale Tonlage.

Der Besserwisser ist irritiert, aus dem Gleichgewicht gebracht. Er hat doch gar nicht über einen Abschluß gesprochen, sondern über viel wichtigere Dinge doziert. Schnell stößt der Power-Seller nach: *„Sie haben ja so recht, aber wir beide werden den Lauf der Welt nicht ändern, jedenfalls heute nicht mehr.“*

Ein ähnlicher Weg: Der Power-Seller bringt den Kunden durch höfliche Zustimmung dazu, das Produkt selbst zu erklären. Der Power-Seller tut so, als lerne er etwas dabei. Und der Kunde stellt sich durch sein Dozieren selbst eine Falle, in die der Power-Seller mit einer direkten Frage hineinstößt: *„Da Sie nun unser Produkt so gut kennen, was steht einem Abschluß noch im Weg?“*

Besserwisser erfordern eine spezielle Behandlung. Fast ausnahmslos sind es Menschen, die in ihrem Beruf besonders qualifiziert sind, Autorität und Ansehen genießen – Richter, Ärzte, Ingenieure, Lehrer, Werbefachleute, um nur einige Berufsgruppen zu nennen. Es sind Menschen, die kraft ihres Berufes oder Amtes gewohnt sind, daß ihre Umgebung ihnen mit Respekt und wenig Widerspruch entgegentritt.

Im Verkaufsgespräch kommen diese Kunden sehr schnell an einen Punkt, wo sie versuchen, das Fachgebiet des Verkäufers zu „annektieren“. Nicht der Verkäufer, sondern er, der Kunde, ist auf einmal der anerkannte Experte für Finanzfragen oder Maschinenbau.

Dieser Kunde versucht hartnäckig, seine Meinung als Wissen auszugeben und durchzusetzen, etwa nach dem Motto: „Erwiesene Tatsachen dulden keinen Widerspruch.“

Er will seine Autorität, die er zweifelsfrei in seinem Fachbereich besitzt, auf den Verkäufer bzw. dessen Kompetenz verschieben, übertragen.

Durch rationale Argumente wird man diese Spielart des Besserwissers kaum von der eigenen Kompetenz überzeugen können. Der Borniertheit des Kunden kann letztlich nur Konfrontation entgegensetzt werden: selbstbewußter Ausdruck des eigenen Wertes, der eigenen Kompetenz. So tun, als dulde man ebenfalls keinen Widerspruch.

Viele Verkäufer scheitern hier, weil sie ihre unterschwellige Angst vor einem Fehlschlag des Verkaufsgespräches nicht kontrollieren können. Sie wagen nicht, deutlich „auf den Tisch zu klopfen“, beharren auf ihrer weichen Welle, gehen bei dem Besserwisser damit hoffnungslos unter.

❑ **Der denkende Kunde tritt auf**

- **Seine Rolle:** Er sagt wenig, sieht den Verkäufer musternd an, läßt diesen gewähren und schweigt. Er weiß in der Tat manches besser oder hat eine bestimmte, auf Erfahrung gegründete feste Meinung, aber er würde sich deswegen nie auf eine Diskussion einlassen. Er schweigt gern.

- **Sein wahrer Charakter:** Dieser Kunde ist intelligent und schlau. Während er zuhört, schätzt er den Verkäufer ein, prüft dessen Ehrlichkeit. Über Verkäufer, die mit handgedrechselter, einstudierter Rhetorik kommen („Sind Sie nicht auch der Meinung, daß..." oder „Sicher wollen Sie doch auch, daß..."), lächelt dieser Kunde innerlich, denn er hat selbst Seminare besucht oder das eine oder andere Verkaufsfachbuch gelesen.

- **Die Regie des Power-Sellers:** Er erkennt sofort, daß er hier einen ebenbürtigen Kollegen vor sich hat. Ein Kunde, dessen Selbstwertgefühl nur Berufsprofis akzeptiert. Ein Kompliment zuviel oder zu stark aufgetragen – und der Denker ist eingeschnappt, hat ein negatives Bild vom Verkäufer, das kaum noch reparabel ist.

  Der Power-Seller wird sehr aufmerksam zuhören, auf jeden geringsten Hinweis, auf jede kleine Bemerkung achten, die von diesem Kunden kommen. Logisch und rational wird er sein Produkt präsentieren, auch mit forcierter Offenheit.

  Der Power-Seller: „Mit Ihnen zu sprechen, bringt Freude. Sie gehören zu den Menschen, die sich nichts vormachen lassen – das schafft eine angenehme Gesprächsgrundlage. Lassen Sie uns also ganz nüchtern einmal betrachten, wie..."

  Hat der Abschluß geklappt, wird dieser Kunde durch Weiterempfehlung mehr Geschäfte einbringen als alle anderen.

❑ **Der gutmütige Kunde tritt auf**

- **Seine Rolle:** Dieser Kunde hört sich bereitwillig an, was der Power-Seller zu sagen hat. Er ist zugänglich, höflich und zuvorkommend.

- **Sein wahrer Charakter:** Der Kunde ist aufrichtig und ernsthaft. Weil er weiß, was er will, läßt sich er sich meist nur dann mit Verkäufern ein, wenn er etwas benötigt. Denn die Gutmütigkeit dieses Kunden geht so weit, daß er die Zeit eines Verkäufers nicht unnütz in Anspruch nehmen wird. Auch er legt größten Wert auf Professionalität, Verkaufsdruck stößt ihn ab. Aber: Charme zieht ihn ungemein an.

- **Die Regie des Power-Sellers:** Er stellt seine Professionalität und Kompetenz heraus und hält seine Präsentation logisch aufgebaut, ohne enthusiastisch zu wirken und ohne jeglichen Druck.

  Aber während des Gesprächs möchte dieser Kunde „gestreichelt" werden, eine Anerkennung und Rechtfertigung erfahren, daß er sich mit diesem und nicht mit einem anderen Verkäufer eingelassen hat.

  Auch dieser Kunde wird den Power-Seller gern weiterempfehlen.

❑ **Der Grobian tritt auf**

- **Seine Rolle:** Hände in den Hosentaschen, die Faust ballend. Polternd, laut, aggressiv, kann aber auch gutmütig sein! Er bezweifelt häufig alle Eigenschaften des Produktes. Schlimmer noch: Dieser Kunde vermittelt dem Power-Seller, dieser sei die Ursache aller Widrigkeiten und Probleme, mit denen er sich gerade herumschlagen muß.

- **Sein wahrer Charakter:** Dieser Kunde hat jede Menge persönlicher oder geschäftlicher Probleme am Hals, die er nun auf andere projiziert. Die meisten Grobiane sind eine temporäre Erscheinung. Sie haben ihre persönlichen Probleme gerade in den Tagen, an denen der Verkäufer erscheint. Sie sind nicht in ihrer normalen Verfassung.

- **Die Regie des Power-Sellers:** Er weist den Grobian durch Freundlichkeit in seine Schranken, läßt sich auf keine Argumente ein. Höflich wird der Power-Seller andeuten, daß er sehr wohl Anteil an den Problemen des Kunden nehmen würde, wenn er sie näher kennen würde. Der Power-Seller bleibt ruhig und abwartend, aber selbstsicher.

  Manchmal entwickeln sich daraus engere Freundschaften. Auf jeden Fall wird er keinen Druck ausüben, sondern versuchen, den Kunden durch Freundlichkeit „umzudrehen“. Es ist das, was dieser Kunde braucht. Der Abschluß ergibt sich dann von selbst.

Die kleinen Taktiken des Power-Sellers, um die Kontrolle nicht zu verlieren

Wir haben gesehen: Die Kunden spielen bewußt und unbewußt Rollen. Aber das Charakterfach – um im Bild zu bleiben – haben sie nicht gründlich studiert, sondern nur erlernt – aus vorangegangenen Erfahrungen: Wenn ich mich so und nicht anders verhalte, läuft es am besten für mich.

So versucht der freundliche Kunde, sein Stück zu spielen, und der Grobian will eine andere Inszenierung durchsetzen. Betritt der Power-Seller die Bühne, muß er so schnell wie möglich die Kontrolle über das Stück gewinnen.

Der Kunde hat seine Rolle vor dem Zusammentreffen bereits einstudiert, an seinen Ausreden gefeilt. Der Power-Seller will ihn davon abbringen – also muß er von Beginn an einen starken Eindruck hinterlassen.

Äußerst wichtig sind die ersten Momente der Annäherung. Der Power-Seller geht direkt in einer selbstsicheren, beherrschten Weise auf seinen Kunden zu. Seine aufrechte Körperhaltung drückt Selbstvertrauen aus.

Mit leeren Händen kann sich der Power-Seller dynamischer bewegen, Armbewegungen werden erleichtert. Verkaufsunterlagen, Prospekte, Taschen etc. legt er also vorher ab.

Er begrüßt den Kunden mit festem, freundlichem Händedruck und sympathischem Lächeln, blickt ihm direkt in die Augen, spricht laut und deutlich.

Der Augenblick während und nach dem Begrüßungshandschlag ist in diesem Spiel von größter Bedeutung: Der Power-Seller hat sich innerlich darauf vorbereitet, den Kunden zu treffen und erst dann wieder zu gehen, wenn der Abschluß getätigt wurde. Diese Überzeugung legt er in den Händedruck.

Es gibt durchaus Kunden, die diese Entschlossenheit deutlich spüren und von Beginn an Respekt entwickeln.

Ich kenne Power-Seller, die mit beiden Händen auf den Kunden zugehen, mit beiden Händen seine Hand ergreifen und überzeugend erklären: *„Ich muß unbedingt einmal spüren, wie sich ein erfolgreicher Geschäftsmann (Manager, Unternehmer) anfühlt!“* Der Kunde strahlt und hat nun die für ihn angenehme Pflicht, das Kompliment abzuschwächen.

Natürlich hat sich der Power-Seller für seinen Kunden eine Strategie zurechtgelegt – doch nun muß er blitzschnell überprüfen, ob diese Strategie durchführbar ist. Ein winziges Detail im Büro des Kunden oder an dessen Person mag ihm eine Eingebung bringen, besser eine andere Strategie zu verfolgen.

Der Power-Seller beginnt das Gespräch nicht etwa mit einer „Konserve“ (Etwa: „Guten Tag, ich komme aufgrund unseres Telefonats vom soundsovielten..“), sondern läßt sich sofort etwas Persönliches einfallen, was die Aufmerksamkeit des Kunden weckt und ihn begeistert. Gute Anknüpfungspunkte sind Bilder, Fotos oder Urkunden, die an der Wand hängen oder (Kunst-) Gegenstände auf dem Schreibtisch. Der Power-Seller wird sofort durch den Raum eilen, den Gegenstand (wenn möglich) in die Hand nehmen, auf jeden Fall staunen und bewundernde Fragen stellen (ich habe das an anderer Stelle ausführlich beschrieben).

Je länger er das Gespräch noch von geschäftlichen Gleisen fernhalten kann, umso mehr private Intimität kann er aufbauen, umso mehr Begeisterung kann er vermitteln.

Einem wahren Power-Seller wird es nicht schwerfallen, passende Bemerkungen einzustreuen, die zeigen, daß er vom jeweiligen Gesprächsthema Ahnung hat. Hier kommt zum Tragen, daß der Power-Seller ein breites Wissen erworben hat, das er ständig aktualisiert und aus dem er jetzt schöpfen kann.

Nichts ist imponierender, als wenn er dem Kunden sogar Informationen vermitteln kann, die für diesen neu sind. Dies kann beiläufig geschehen oder mit dem Gefühl, er, der Power-Seller, gäbe dem Kunden jetzt eine exklusive Nachricht, nur für ihn bestimmt. Auf keinen Fall stellt der Power-Seller sein Wissen überheblich zur Schau.

In diesem ersten Wortwechsel geht es dem Power-Seller nicht nur darum, den Kunden von sich einzunehmen (zu begeistern), sondern auch wertvolle weitere Informationen für das Verkaufsgespräch zu sammeln.

Er beobachtet, hört zu, analysiert und entwirft seine Behandlungsstrategie.

Es gibt Power-Seller, die es vorziehen, den Kunden sprechen zu lassen. Je mehr der Power-Seller den Kunden so behandelt, als sei er für ihn der einzige Kunde auf der Welt, desto offener wird er werden.

Wir erinnern uns: Um die Begeisterung vom Power-Seller auf den Kunden übertragen zu können, muß sich letzterer dafür öffnen. Und es ist die Fähigkeit des Power-Sellers, diese Tür zu öffnen.

Ist der Kunde zurückhaltend, spricht der Power-Seller über sich, wo er lebt, was er macht. Der Kunde wird dadurch entspannter und fühlt sich verpflichtet, selbst etwas preiszugeben. Jede Information kann wichtig sein.

In seiner Gesprächsführung achtet der Power-Seller allerdings darauf, daß das Gespräch nicht in Small-talk, in Nichtigkeiten versandet.

Das Vorgespräch, der Einstieg in das eigentliche Verkaufsgespräch, ist letztlich Teil einer Strategie, die auf folgenden Punkten aufbaut:

- Der Power-Seller muß erreichen, daß der Kunde ihn mag, ihn sympathisch findet. Damit das geschieht, muß der Power-Seller zuerst den Kunden mögen, ihn sympathisch finden. Überzeugend wird dieser Vorgang, wenn der Power-Seller tief in den Kunden schaut und Eigenschaften entdeckt, die er an ihm sympathisch findet.
- Wenn der Kunde den Power-Seller sympathisch findet, wird er ihm aufmerksamer und – wichtiger – aufgeschlossener zuhören als einem x-beliebigen Gesprächspartner.
  Ein aufgeschlossener Kunde wird eher glauben, was der Power-Seller mit Begeisterung vorträgt.
- Wenn der Kunde dem Power-Seller glaubt, wird er auch mit

ihm Geschäfte machen, zumal er am Ende überzeugt sein wird. Der Name des Spiels, das der Power-Seller auch während des Verkaufsgespräches fortsetzt: Sympathie, Zuhören, Glauben, Überzeugung – Bereitschaft zum Abschluß. Ich betone die drei Stufen des Verkaufsgesprächs: Gefühl – Verstand – Gefühl.

- Wir sind jetzt im Verkaufsgespräch, der Präsentation. Unabhängig vom Verlauf der Argumentation, die bei jedem Produkt und jedem Kunden unterschiedlich ist, agiert der Power-Seller mit kleinen, aber immens wichtigen Taktiken.
- So wird er zum Beispiel klar, prägnant und nicht zu langsam sprechen. Läßt er im Sprachtempo nach, stellt sich der Kunde darauf ein und wird beim Kaufentscheid nahezu automatisch sagen: „Das muß ich mir erst noch einmal überlegen."
- Während des Gesprächs konzentriert sich der Power-Seller ab und an auf die „Spiegelmethode": Er stellt sich das Gesicht des Kunden als Spiegel vor, der sein eigenes Gesicht reflektiert und lächelt hinein. Wenn der Kunde zurücklächelt, tut er das, weil der Power-Seller lächelt.
- Der Power-Seller achtet auch auf Signale der Körpersprache des Kunden, vor allem um herauszufinden, ob der Kunde die Wahrheit spricht. Nervöse Bewegungen, unruhiges Scharren der Füße, Schweißausbruch auf der Stirn sind deutliche Anzeichen, daß sich der Kunde unwohl fühlt, weil er nicht die Wahrheit spricht.

  Subtilere Anzeichen: Der Kunde spricht plötzlich leiser, verhaspelt sich im Satzbau, blickt zur Wand, aus dem Fenster oder auf den Boden.
- Der Power-Seller registriert ebenfalls genau, wie der Kunde zuhört. Tödlich wäre, wenn der Kunde nur „Geräusche" hört, die vom Power-Seller ausgehen ebenso Worte und Sätze, die zwar aufgenommen, deren Inhalt aber nicht verstanden wird.

  Der Power-Seller steuert folglich durch Lautstärke, Betonungen und Pausen den Kunden dahin, daß er die höchste

Ebene des Zuhörens erreicht: Er hört, was der Power-Seller sagt, versteht es und denkt darüber nach.
Nickt der Kunde mit dem Kopf oder murmelt er etwas vor sich hin, ist dies für den Power-Seller ein Anzeichen, daß der Kunde nicht richtig zuhört. Er bringt ihn daher mit einer Zwischenfrage schnell dazu, laut ja zu sagen. Oder er fragt: „Wie bitte, was sagten Sie gerade?" Der Kunde wacht wieder auf...

- Der Power-Seller achtet auch auf eine plötzliche Zunahme von Einwänden oder Ausreden des Kunden. Sie sind meist ein Zeichen dafür, daß der Power-Seller dabei ist, den Nerv des Kunden, irgendeinen wunden Punkt, eine Schwäche zu treffen.
  Je nach Gesprächssituation wird der Power-Seller das Minenfeld umgehen oder bewußt eine Detonation auslösen. Zum Beispiel, um endlich die wahren Argumente des Kunden zu erfahren, ihn aus seiner Reserve zu locken.

Der Start-Check des Power-Sellers

1. Ich bin immer pünktlich!
2. Meine Verkaufsunterlagen sind geordnet und vollständig!
3. Welchen wirtschaftlichen Background hat mein Kunde?
4. Welche Produkte bevorzugt der Kunde, welche vernachlässigt er?
5. Was hat er nicht gekauft? Wo lagen seine Widerstände?

6. Welche Zusagen habe ich ihm gemacht?
7. Welche Fragen hat der Kunde letztesmal angeschnitten, auf die ich jetzt eingehen muß? Ich kenne die Haupteinwände meiner Kunden und weiß darauf zu antworten!
8. Was will ich verkaufen?
9. Zu welchen Konditionen?
10. Welche Zusatzangebote will ich machen?
11. Welche zusätzlichen Informationen oder Dienstleistungen kann ich dem Kunden bieten?
12. Was habe ich für Ideen, Neues, Interessantes für ihn?
13. Wie will ich mein Gespräch eröffnen? Gefühl, Verstand, Gefühl!
14. Welche Fragen werde ich ihm stellen?
15. Welche Argumente habe ich zur Verfügung?
17. Was kann ich mitbringen und vorzeigen?

13 Punkte, die dem Power-Seller helfen, die Kontrolle über das Kundengespräch zu behalten

1. Der Power-Seller spürt bereits seine eigene Begeisterung, bevor er beim Kunden eintrifft. Er weiß, daß er den Kunden sympathisch finden wird.

2. Der Power-Seller hat seine Strategie entwickelt, bevor er den Kunden trifft. Die Strategie beruht auf der Fähigkeit, eine kontrollierte Verkaufssituation zu entwickeln, zu wissen, welche Schritte dazu notwendig sind.

3. Der Power-Seller denkt fest an den Abschluß, sobald er den Kunden begrüßt.

4. Der Kunde erwartet eine ganz besonders aufmerksame Behandlung durch den Power-Seller und erhält sie auch.

5. Der Power-Seller geht optimistisch an die Verhandlungen heran und ist überzeugt, daß das Geschäft zustandekommt. Das Selbstvertrauen, das er mit dieser positiven Haltung ausstrahlt, überträgt sich unbewußt auf den Kunden und vermittelt diesem – ebenso unbewußt – ebenfalls eine positive Einstellung.

6. Wenn der Kunde den Power-Seller mag, wird er Vertrauen fassen und aufgeschlossen zuhören. Also steht der Aufbau von Sympathie, die „Eigenwerbung" des Power-Sellers, am Anfang des Treffens mit dem Kunden.

7. Der Kunde will selbst gemocht werden, möchte die Anteilnahme des Power-Sellers spüren. Er möchte das Gefühl haben, zu seinem Freundeskreis zu gehören – wenn der Power-Seller sich entsprechend interessant darstellt.

8. Der Power-Seller muß beobachten, zuhören und nachdenken, was der Kunde „braucht", ähnlich wie der Arzt mit seinem Patienten verfährt.

9. Er weiß, daß er von jedem Kunden immer Einwände und Ausreden hört. Manche sind psychologischer Natur, andere haben einen faktischen Hintergrund. Deshalb muß der Power-Seller über die Geschäfte seines Kunden möglichst

viele Voraus-Informationen haben, um auch sachliche Einwände kontern zu können.

10. Der Power-Seller fürchtet sich nicht vor dem Kunden, sondern findet ihn sympatisch. Er baut ihm eine **Strategie** auf, die zu seinem **Erfolg** führt.

11. Power-Seller bauen während des Einleitungsgespräches und der Präsentation kontinuierlich das Selbstvertrauen des Kunden auf. Der Kunde braucht diese Kraft, um schließlich seine Kaufentscheidung zu rechtfertigen.

12. Immer wenn die Aufmerksamkeit des Kunden zu erlahmen droht, wirft der Power-Seller Was-wäre-wenn-Fragen ein, die den Kunden wieder munter machen.

13. Der Power-Seller weiß auf alle Fragen eine Antwort. Wenn nicht, hat er wenigstens diese parat: „Das ist eine gute Frage, Herr Kunde. Sie sind der erste, der sie stellt. Ich wüßte selbst gern eine Antwort."

Regie-Anweisungen eines Power-Sellers an sich selbst im Verkaufsgespräch

Ich zeichne ein angenehmes und interessantes Bild meines Produktes für den Kunden, wobei ich darauf achte, daß der Kunde das Bühnenbild entwirft, dort sozusagen auf das Produkt zugehen, es anfassen kann.

Ich finde heraus, wer den Ton angibt, wenn die Präsentation vor mehreren Gesprächspartnern oder einem Ehepaar stattfindet, damit ich meine volle Konzentration auf diese Person richten kann.

Ich vermittle das Gefühl, daß ich von meinem Gesprächspartner während des Verkaufsgesprächs lerne. Er soll sich in seinem Selbstwertgefühl geschmeichelt fühlen.

Ich stelle dem Kunden mein Produkt als das großartigste auf der ganzen Welt vor, weil ich möchte, daß der Kunde Respekt gewinnt und die Überzeugung, wirklich das beste Produkt vor sich zu haben.
Ich stimuliere den Kunden während des Verkaufsgesprächs unablässig mit Nutzen und Vorteilen des Produktes, bis er nicht mehr erwarten kann, es zu besitzen.

Ich vergesse nicht, dem Kunden im Gesprächsverlauf Komplimente zu machen.

Erleben Sie mit, wie der Power-Seller das Gespräch durch Fragen steuert!

Die große Gefahr, in die sich viele Verkäufer begeben, liegt in ihrer Verkaufsroutine: Sie reden zuviel.

Der Power-Seller weiß, daß er die wirklichen Interessen des Kunden nur durch geschickte Fragenstellung – und durch anschließendes Zuhören! – erfahren kann.

Durch Zuhören wird oft mehr erreicht als durch Reden! Zuhören verschafft Sympathie, Reden erregt Abwehr. Nur der Redende deckt seine Karten auf.

Wer geschickt fragt, kann das Gespräch elegant zum Abschluß führen. Denn die Kunst des Überzeugens besteht nicht im Gegeneinander von Behauptungen, sondern im Spiel von Frage und Antwort! Durch Fragen kann der Gesprächspartner zum Denken veranlaßt und zum Reden gebracht werden!

Es kommt nicht immer darauf an, recht zu behalten, sondern mit dem Partner zusammen optimale Antworten auf seine Fragen zu finden.

- Durch gezielte Fragen stellt der Power-Seller die Weichen für das Gespräch und findet die Interessen des Kunden (seine Wünsche und Probleme) heraus.
- Durch Fragen lenkt der Power-Seller die Aufmerksamkeit seines Kunden auf die für ihn (den Verkäufer) wichtigen Punkte.
- Durch Fragen kann er Einwände des Kunden erkennen und diese Einwände entkräften.
- Durch Fragen kann auch die verlorengegangene Initiative des Gesprächs wiedergewonnen werden.
  Beispielsweise läßt sich aus dem Einwand eine Frage machen:

  „Ja, ich verstehe..."
  (Anerkennung des Kunden)
  „... nämlich die, ob..."
  (Umbiegen in eine für den Kunden bedeutsame Frage, um seine weitere Gesprächsbereitschaft zu gewinnen)

  „...ist das nicht das wahre Problem für Sie?"
  (Kontrollfrage zum Abschluß, die den Kunden veranlaßt, auf den neuen Gedanken einzugehen)

- Durch Fragen kann er seine Gedanken zu denen des Kunden machen, durch andere Fragen seine falsche Sicherheit elegant zerstören.
- Durch Fragen kann er – wenn notwendig -die verlorene Initiative des Gesprächs wiedergewinnen und den Kunden zum Dialog ermuntern.
- Durch Fragen kann der Power-Seller schließlich Verkaufsentscheidungen herbeiführen und zum Kunden ein echtes Partnerschaftsverhältnis aufbauen.

Fragen gehören zur Kommunikation wie das Salz zur Suppe!

„Haben Sie Interesse weiterzulesen?"

Sehen Sie, das hört sich doch ganz anders an, als wenn ich jetzt die Aufforderung getroffen hätte: Lesen Sie weiter!

Eine solche eröffnende Frage hat der Power-Seller sicherlich bereits bei der Terminvereinbarung gestellt: *„Wenn ich Ihnen einen Weg zeige, wie Sie Ihr Geld ohne Risiko und ganz legal vermehren können, wären Sie daran interessiert?"*

Oder im Gespräch beim Kunden:

„Wenn ich Ihnen die Lösung zu Ihrem spezifischen Problem nennen könnte, hätten Sie dann fünf Minuten Zeit für mich?"

Im Verlaufe des Verkaufsgespräches wird der Power-Seller zunächst überwiegend mit sogenannten Informations- oder offenen oder

- **öffnenden Fragen arbeiten.** Es sind gezielte Fragen nach einer bestimmten Sache oder einem Sachverhalt, die der Gesprächspartner informierend erklärt. Also beispielsweise:

„Wie stellen Sie sich das vor?"

Mit den Informationsfragen sammelt der Power-Seller wertvolle Informationen und erfährt wichtige Einzelheiten. Mit öffnenden Fragen läßt sich umso geschickter arbeiten, je besser der Power-Seller mit der spezifischen Materie des Kunden vertraut ist. Vor dem Besuch wird er sich einige Fragen dieser Art zurechtlegen und aufschreiben.

Haben die Informationsfragen Erkenntnisse gebracht, wird der Power-Seller seine Präsentation auf die gewonnenen Erkenntnisse abstellen. Von Zeit zu Zeit wird er sich unterbrechen und

- **Kontrollfragen stellen.** Sie sind bei jedem Gespräch wichtig, um zum Beispiel zu erfahren, ob der andere noch zuhört. Also zum Beispiel:

  „Was meinen Sie dazu?“

  „Finden Sie nicht auch, daß es sich um einen vernünftigen Vorschlag handelt?“

  Fragen dieser Art lösen eine Reaktion des Kunden aus. Der Power-Seller kann erkennen, ob dieser ihm bis hierher gefolgt ist oder ob er bereits eine Abwehr aufgebaut hat. Um die Teilinformationen einzuholen oder eine Entscheidung herbeizuführen, eignen sich insbesondere

- **geschlossene Fragen.** Zum Beispiel:

  „Haben Sie das einmal versucht?“

  „Dürfen wir das so wie besprochen liefern?“

  Wenn der Power-Seller im Verlauf des Gesprächs feststellen will, was sein Kunde von dem bisher Vorgebrachten hält, greift er auf eine

- **Orientierungsfrage** zurück. Die könnte etwa lauten:

  „Haben Sie noch eine Frage hierzu?“ Oder:

  „Welche Erfahrungen haben Sie bisher gemacht?“

  Aus der Antwort nach einer solchen Orientierungsfrage kann er entnehmen, wie weit der Kunde ihn verstanden hat und welche Bereitschaft er dem Power-Seller entgegenbringt.

- Die **Bejahungsfrage** taucht in einem Verkaufsgespräch des öfteren auf. Der Kunde soll mit ihr in die Situation versetzt werden, möglichst oft ja zu sagen. Bejahungsfragen lauten etwa so:

  „Ich bin sicher, daß Sie mir zustimmen?" Oder: „Sie sind doch sicherlich auch der Meinung, daß..."

  „Sie wollen doch sicher auch ..."

  Ab und zu wird der Power-Seller in Frageform wiederholen, was sein Kunde ihm gesagt hat. Damit bekundet er Verständnis und Einsicht, was sich positiv auf das Gesprächsklima auswirkt.

- Die **reflektierende Frage** kann aber noch mehr: Der Power-Seller kann mit ihr eine ablehnende Aussage des Kunden „umdrehen".

  Beispiel:

  „Ihre Preise sind aber sehr hoch!"

  „Sie meinen, wenn diese Kosten in angemessener Zeit infolge eingesparter Fertigungskosten amortisiert wären, würden Sie zustimmen?"

  Wenn der Power-Seller dem Kunden im Verlaufe des Gespräches das Gefühl geben will, überlegt zu fragen, wird er auf Fragen des Kunden antworten:

  „Das ist eine sehr gute Frage." Oder: *„Es freut mich, daß Sie mir diese Frage stellen."*

- Diese **bestätigenden Fragen** wird der Power-Seller immer wieder stellen, denn nichts bestätigt seinen Gesprächspartner gründlicher als er sich selbst.

Eine Art von Frage wird der Power-Seller seltener und nur dann verwenden, wenn er sich der Antwort ziemlich sicher ist und diese in sein Konzept paßt:

- Die **Suggestiv-Frage.** Sie kann gefährlich werden, weil sie den Gesprächspartner unter Druck setzt. Suggestiv-Fragen beinhalten eine Aussage, auf die der Kunde mit Ja oder Nein anworten muß. Beispiel:

  „Sie sind bestimmt auch der Ansicht, daß Autofahren in den Städten verboten werden sollte?"

- Dagegen kann der Power-Seller mit **provozierenden Fragen** gezielt etwas herausfinden. Beispiel:

  „Glauben Sie wirklich, daß Sie sich der Modernisierung Ihres Fuhrparkes verschließen können?"

  Solche Art von Fragen sind eine Herausforderung des Kunden und werden nur gestellt, um den Wahrheitsgehalt einer Aussage des Kunden zu prüfen.

  Übrigens gibt es auch eine Frage ohne Worte! Der Power-Seller blickt seinen Kunden lediglich fragend an. Es ist die sogenannte

- **stille Frage.** Wirksam, um die Aufmerksamkeit des Kunden zu erhalten.

  Mit den

- **Wenn-Fragen** nähert sich der Power-Seller bereits dem Abschluß.

  Beispiel:

„Was wäre, wenn ich Ihnen jetzt einmal vorrechne, wieviel Geld Sie im Laufe eines Monats ... eines Jahres sparen könnten?“

Droht das Gespräch in Nebensächlichkeiten zu versanden, kann der Power-Seller mit

- **richtungweisenden Fragen** wieder zum Thema zurückkehren, ohne daß der Kunde verärgert ist.

  Beispiel:

  „Herr Kunde, Sie erwähnten vorhin ... Können Sie mir hierzu noch einmal ... Was würden Sie dazu sagen, wenn...“

- **Alternativ-Fragen** kennen wir unter anderem bereits von der Terminvereinbarung.

  Beispiel:

  „Paßt es Ihnen besser am Montag um 10.10 Uhr oder am Mittwoch um 15.15 Uhr?“

  Bleibt noch die

- **Gegenfrage.** Der Power-Seller wird sie besonders gern einsetzen, um den sogenannten Besserwisser-Kunden mundtot zu machen. Beispiel:

  „Welches Argument würden Sie denn gelten lassen?“
  „Welcher Beweis würde Sie denn überzeugen?“
  „Gibt es einen Vorteil, den Sie begrüßen würden?“

Der Power-Seller steuert die Richtung des Verkaufsgespräches auf den Abschluß zu, indem er dem Kunden zunächst einige Ja-Fragen stellt und dann eine oder mehrere Alternativ-Fragen einschiebt. Beispiel:

„Haben Sie bemerkt, wie vorteilhaft unser Angebot zu diesem Zeitpunkt ist?"
„Konnte ich Sie überzeugen, daß diese Lösung Ihnen die größtmöglichen Vorteile bietet?"
„Wäre Ihnen die gelbe oder die rote Ausführung lieber?"
„Dürfen wir Ihnen auch gleich einen Ersatzbolzen mitliefern?"

Selbst Power-Seller, die schon jahrelang im Geschäft sind, gehen zu den meisten Kunden mit einer vorher ausgearbeiteten Regieanweisung für ihren Auftritt in das Verkaufsgespräch, haben sich einige Kernfragen aufgeschrieben.

Sie verlassen sich nicht, wie es mancher Durchschnittsverkäufer tut, auf ihr Ego (Ich bin so gut, ich werde das Gespräch schon schaukeln...), sondern überlegen im voraus:

„Wie werde ich das Gespräch eröffnen?"
„Wie werde ich argumentieren?"
„Welche Einwände sind zu erwarten?"
„Wie werde ich sie widerlegen?"
„Welche Abschlußargumente benötige ich?"

Gesprächslenkung: Wer fragt, der führt

Die wichtigsten Fragen aus dem Fundus des Power-Sellers

- **Offene Fragen**

Welche Erwartungen setzen Sie in unser Angebot?
Was ist das Ziel Ihrer Unternehmensspolitik?
Wo liegen die Schwerpunkte Ihrer...?
Was hat Ihnen an unserem Angebot speziell gefallen?
Wie meinen Sie das?
Warum haben Sie auf unsere Werbung geantwortet?
Welches ist für Sie die wichtigste Frage?
Was denken Sie darüber?
Worin sehen Sie die Vorteile?
Welche Erfahrungen haben Sie mit anderen Mitbewerbern am Markt gemacht?
Welche Punkte des Angebots darf ich Ihnen noch näher erläutern?Welche Bedingungen muß nach Ihrer Meinung ein solides Angebot erfüllen?Wie darf ich Ihre Frage verstehen?
Wie kommen Sie zu dieser Ansicht?
Was ist Ihnen noch unklar?

- **Geschlossene Fragen**

Möchten Sie, daß ich Ihnen das Angebot noch weiter erläutere?
Würden Sie es begrüßen, wenn...?
Glauben Sie, daß das Angebot die Voraussetzungen für einen wirtschaftlichen Erfolg bietet?
Hatten Sie schon Gelegenheit, unser Angebot zu prüfen?
Paßt es Ihnen, wenn ich heute abend noch einmal anrufe?
Würde es besser in Ihre Zielsetzung passen, wenn wir...?
Würden Sie es für richtig halten, wenn wir die Punkte im einzelnen noch einmal durchsprechen?

Erwarten Sie mehr Sicherheit oder Rendite?

- **Reflektierende Fragen**

Heißt das, daß Immobilien zu wenig Rendite abwerfen?
Darf ich Sie so verstehen, daß...?
Wenn ich Sie richtig verstehe, so meinen Sie...?
Kann das bedeuten, daß...?
Es würde also Ihre Entscheidungen sehr erleichtern, wenn..?

- **Richtungweisende Fragen**

Können Sie sich vorstellen, daß...?
Haben Sie schon einmal überlegt, daß...?
Haben Sie nicht auch die Erfahrung gemacht, daß...?
Was würde es für Sie bedeuten, wenn...?
Was würden Sie dazu sagen, wenn...?
Würde das Ihnen nicht sehr dabei helfen?

- **Suggestiv-Fragen**

Geht es Ihrer Meinung nach nicht auch vor allem um Sicherheit?
Beweist Ihre Erfahrung als Unternehmer nicht ebenso, daß...?
Sie stimmen mit mir doch sicherlich darin überein, daß...?
Sie sind doch sicherlich auch der Ansicht, daß...?
Sie werden sich doch sicherlich der Ansicht anschließen, daß...?
Haben Sie nicht auch die Überzeugung gewonnen, daß..?
Vertreten Sie nicht auch die Meinung, daß...?

- **Kontrollfragen – Bestätigungsfragen**

Haben wir damit geklärt, daß...?
Waren meine Ausführungen für Sie verständlich?

Habe ich zuviel versprochen?
Können wir diesen Themenkreis als erledigt ansehen?
Darf ich diesen Punkt als bekannt voraussetzen?
Sind Sie mit der Antwort einverstanden?
Können wir dieses Thema jetzt verlassen und uns der Frage zuwenden, wie...?
Darf ich unterstellen, daß Ihre Bedenken damit ausgeräumt sind?

- **Isolationsfragen**

Unter der Voraussetzung, daß dieser Punkt geklärt ist, würden Sie dann...?
Ist das Ihr einziges Problem?
Falls wir diesen Punkt geklärt haben, sind Sie dann damit einverstanden?
Darf ich davon ausgehen, daß Ihre Entscheidung nur noch von der Klärung der Steuerfrage abhängt?
Darf ich unterstellen, daß Sie grundsätzlich von unserem Angebot überzeugt sind, aber zunächst eine andere Frage beantwortet haben möchten?

- **Rückstellungsfragen**

Ich werde mir die Frage kurz notieren, darf ich sie vorläufig zurückstellen..?
...dies ist eine ganz wichtige Frage, wir kommen im Laufe des Gesprächs darauf zurück.
Wäre es Ihnen recht, wenn ich Ihre Frage im Augenblick zurückstelle? Ich komme in anderem Zusammenhang darauf zurück!
Das Problem interessiert mich sehr. Vielleicht können wir bei der Frage noch einmal ausführlich darauf zurückkommen?

- **Bumerangfrage**

  Sind Sie wirklich der Ansicht, daß...?
  Wie kommen Sie darauf?

- **Verzögerungsfrage**

  Es tut mir leid, aber ich habe nicht ganz verstanden, was Sie soeben gesagt haben. Würden Sie so liebenswürdig sein, es mir noch einmal genau darzulegen?

18 Regieanweisungen für die Verkaufsargumentation des Power-Sellers

Der Power-Seller gestaltet seine Präsentation (Verkaufsgespräch) interessant wie eine Kurzgeschichte, die den unsichtbaren Titel trägt: Ein Kunde wird glücklich.

Der Power-Seller integriert den Kunden in seine Präsentation. Das heißt: Der Kunde darf etwas anfassen, selber nachrechnen, irgendeine Aktivität ausüben.

Der Power-Seller verwendet nur kurze Sätze mit wenigen Nebensätzen. Nach jedem Argument stellt er eine Frage, um den Dialog zu fördern.

Den Argumentationsaufbau gestaltet er rhythmisch. Durch tiefe Stimmlage und langsames Sprechen unterlegt er den Text mit Glaubwürdigkeit.

In der Argumentationskette verwendet der Power-Seller möglichst oft Bilder statt abstrakter Gedanken.

Er streicht die Gewinnmöglichkeiten des Kunden heraus und stellt grundsätzlich alles positiv statt negativ, aktiv statt passiv dar.

Im Verlauf der Verkaufsargumentation überprüft der Power-Seller Schritt für Schritt seine 18 Kontrollpunkte.

18 Regieanweisungen

Forderungen	Inhalt	Darstellung	Zielsetzung
1) Sachlichkeit	Vermittelt Ihre Argumentation dem Kunden alle **wesentlichen** Tatsachen (nicht mehr, nicht weniger, ohne phantasievolle Superlative)?		Um zu beweisen, daß ich die Lösung für **sein** Problem habe.
2) Beweisführung	Enthält sie eine **zufriedenstellende** Beweisführung?	Mehr Unterlagen, Referenzen, mehr Möglichkeiten	
3) Anpassung	Werden die Argumente so dargestellt, daß der Kunde sie aufnehmen kann? Sind sie seiner Aufnahmefähigkeit, seinem Denkvermögen und seinen Kenntnissen angepaßt (Niveau, Tempo, Ausdrucksweise)? Selbstkontrolle		(Man schludert zu früh und zu leicht. Er muß sich lockern, wir folgen nach)
4) Kenntnis	Basiert die Argumentation auf wirklicher Kenntnis der Probleme des Kunden?		
5) Einstellung			Zielt sie auf den Kunden (nicht auf die Ware) und die Vorteile für ihn (Kauf-, nicht Verkaufsargumente)?
6) Konzentration	Beschränkt sich die Argumentation auf ein Minimum schlagender Argumente?	Kurze Sätze, nicht zu viel „Blabla“	

Forderungen	Inhalt	Darstellung	Zielsetzung
7) Darstellungsform		Werden die Argumente hauptsächlich in Frageform dargestellt, und laden sie zur Zustimmung ein?	
8) Aufbau	Verfolgen die Argumente eine klare und logische Linie vom Anfang bis zum Ende?	Fragetechnik!	
9) Glaubwürdigkeit	Sind die Argumente **wahr** und erscheinen sie dem Kunden annehmbar? (nicht „alles" ist möglich)		
10) lieber „Tiefdruck" statt „Hochdruck"	Sind Inhalt (Argumente) und Darstellung (Ausdrucksweise) derart, daß sie weder Diskussion noch störende Einwände hervorrufen?	nicht übertrieben, mehr bescheiden	
11) Kontakt		Schafft die Argumentation Kontakt zum Kunden (Wechselgespräch)? Kontrolliert der Verkäufer, ob der Kunde ihm folgt und die Argumente akzeptiert? Bekommt der Kunde Gelegenheit, sich zu äußern und tut er dieses?	
12) Überzeugung		Ist die Darstellung überzeugend? Spiegelt sie die Überzeugung des Verkäufers wider? Fesselt sie den Kunden?	(Die fehlenden 5% am Produkt müssen wir aufbringen!)
13) Argumentwahl	Wird das Argument der Qualität an der	**nicht** beste, prima Qualität, sich dis-	Beweisführung richtig

Forderungen	Inhalt	Darstellung	Zielsetzung
	richtigen Stelle eingesetzt und richtig angewendet?	tanzieren: davon reden alle	
14) Widerlegung	Werden Einwände überzeugend widerlegt, ohne die **Argumentation** zu **zerreißen?**	("Sie haben recht" ist gefährlich)	
15) Aufmerksamkeit			Wird die Aufmerksamkeit des Kunden sofort gewonnen?
16) Interesse			Wird das persönliche Interesse des Kunden geweckt?
17) Drang zum Kauf			Wird der Kunde überzeugt, daß er das Angebot wünscht und braucht?
18) Abschluß		Lob und Dank nicht vergessen	Führt die Argumentation konsequent zur Kaufentscheidung, und bedient sie sich der richtigen Abschlußtechnik?

Reaktionen des Kunden während der Präsentation und wie der Power-Seller darauf reagiert

❑ Der Kunde ist kleiner...

Der Power-Seller bemerkt beim Eintreten, daß sein Gesprächspartner wesentlich kleiner ist. Solange beide noch stehen, versucht er, einen etwas größeren Abstand zum Kunden zu halten.

Auf jeden Fall vermeidet er Situationen, wo er direkt auf seinen Gesprächspartner herabblicken muß. Es gilt, sich so rasch wie möglich zu setzen.

- **Der Kunde fängt an zu kritzeln...**
  Der Power-Seller bemerkt, wie der Kunde beginnt, während des Verkaufsgespräches auf einem Blatt Papier zu malen. Der Power-Seller schaut hin und registriert: Der Kunde malt Menschen, Häuser und andere gegenständliche Gebilde.

  Die Warnlampen gehen an: Der Kunde ist unaufmerksam geworden, seine Aufmerksamkeit muß schnellstens durch eine überraschende Gesprächswendung wiederhergestellt werden.

  Ist der Kunde hingegen mit abstrakten Kritzeleien beschäftigt, braucht der Power-Seller nicht beunruhigt zu sein. Abstrakte Gebilde und Kreise verraten, daß die Kritzelei mechanischer Natur ist. Der Kunde hört weiterhin gut zu.

- **Der Kunde schläft ein...**

  Das Gespräch am Verhandlungstisch zieht sich hin. Der Power-Seller bemerkt, wie die Aufmerksamkeit des Kunden nachläßt. Eine Reaktion: Er steht auf, trägt seine Gedanken mit körperlichem Ausdruck vor.

  Der Kunde wacht wieder auf, weil Bewegung Aufmerksamkeit erregt. Im übrigen: Das Aufstehen verschafft dem Power-Seller neue Kraft. Gleiches gilt für Situationen am Telefon, wenn der Power-Seller aus der Stimmlage seines Gesprächspartners hört, daß dieser nicht bei der Sache ist. Der Power-Seller steht auf und spricht im stehen, dadurch wird seine Stimme automatisch dynamischer und weckt seinen Gesprächspartner wieder auf.

- **Der Kunde muß noch etwas erledigen...**

  Der Power-Seller bemerkt beim ersten Gesprächstermin, daß sein Kunde nervös und fahrig ist, weil noch ein unerledigter Vorgang, zum Beispiel die Mappe mit den Unterschriften, vor ihm auf dem Schreibtisch liegt.

Der Power-Seller wird offerieren: „Bitte unterschreiben Sie noch Ihre Briefe. Ich warte bis Sie fertig sind.“ Durch dieses Entgegenkommen hat er seinen Kunden entspannt.

Der kann ihm jetzt konzentriert zuhören. Und der Power-Seller ist damit einer wohlbekannten, demütigenden Situation entronnen: „Fangen Sie ruhig schon an. Ich unterschreibe nur noch ein paar Briefe.“

- ❑ **Der Kunde flunkert...**

Aus Blick und Stimme seines Gegenübers vermutet der Power-Seller, daß der Kunde flunkert. Soll er dem Kunden glauben und eventuell auf seine Schwindeleien hereinfallen?

Um herauszufinden, ob der Kunde die Wahrheit sagt, stellt der Power-Seller ein paar Fragen zu Themen, in denen er sich genau auskennt.

Wenn der Kunde hier wahrheitsgemäß antwortet, wird der Power-Seller davon ausgehen können, daß auch die übrigen Antworten des Kunden zutreffend sind.

Wie Sie als Power-Seller Einwänden begegnen und trotzdem zum Abschluß kommen

„Ich kann in 12 Sprachen „nein“ sagen – das reicht für eine Frau!“
Sophia Loren

Beim Nein fängt der Verkauf erst richtig an, sagt ein gängiger Spruch, den alle guten Verkäufer verinnerlicht haben! Tausende von Kunden sagen Tag für Tag aus Gewohnheit, Trägheit und einem gewissen Selbstschutz nein!

Der Power-Seller wird alles daransetzen, daß es dazu erst gar nicht kommt – aber auch er ist kein Übermensch: Auch er wird Kunden erleben, die zunächst einmal nein sagen.

Die Betonung liegt auf zunächst. Nichts ist endgültig, auch nicht das Nein des Kunden. Denn in aller Regel bedeutet das Nein des Kunden: „Ich habe noch Fragen, ich bin noch nicht überzeugt."

Dieser Kunde **sucht** die Hilfe des Verkäufers!

Das Nein kann aber auch einen zunächst unbekannten Einwand oder Vorbehalt darstellen. Der Kunde sieht oder ahnt seinen inneren Vorbehalt selbst manchmal nur sehr verschwommen. Er kann ihn noch nicht präzise formulieren. So sagt er in seiner gedanklichen Hilflosigkeit: Nein!

Dieser Kunde **braucht** die Hilfe des Verkäufers!

Schließlich gibt es eine dritte wichtige Ursache für das Nein: Es ist die mentale Trägheit mancher Kunden, sich mit neuen Gedanken und Möglichkeiten auseinandersetzen zu wollen. Sie leben nach dem Motto: „Das haben wir schon immer so gemacht!"

Dieser Kunde **fordert** die Hilfe des Verkäufers!

Ein Nein ist also keine endgültige Entscheidung, sondern nichts weiter als der stärkste Einwand, den der Kunde gerade vorbringen kann. Jeder Einwand ist im Grunde eine Frage, ein Hilferuf an den Verkäufer!

Deswegen werden Einwände nicht widerlegt, sondern beantwortet!

Der gute Verkäufer freut sich, wenn ein Einwand kommt. Denn jetzt kann er zeigen, was in ihm steckt! Alle Einwände des Kunden sind gute Verkaufshilfen, bilden gleichzeitig Wegweiser zum Abschluß!

Begründet der Kunde sein Nein mit einem bestimmten Argument, hat es der Power-Seller leichter, weil er seinen argumentativen Hebel gleich gezielt ansetzen kann. Trotzdem wird es Kunden geben, wo er sein ganzes verkäuferisches Können aufbieten muß!

Er wird erkennen, ob es sich um ein vorgeschobenes Argument handelt oder um einen echten Grund, und auch hier den Kunden überzeugen, das Geschäft abzuschließen, weil es ihm Nutzen bringt.

Jetzt erweist es sich, ob der Verkäufer Stehvermögen und Durchsetzungskraft in ausreichendem Maße besitzt, um den Kunden weiterhin im Gespräch zu halten und über die von ihm aufgebauten Hindernisse zu führen.

Der Power-Seller muß ja zunächst einmal das Nein des Kunden auffangen und dann den Kunden zum Nachdenken veranlassen. Die eigentliche Arbeit des Verkaufens beginnt dann erneut. Es gilt jetzt, zielstrebig das offensichtlich noch nicht vorhandene Kaufinteresse des Kunden zu wecken!

Jetzt wird hart verhandelt! Die Maximalposition des Kunden, sein Nein, muß erschüttert und aufgeweicht werden. Dem ersten Nein folgen meistens weitere, stets schwächer werdende Argumente, die dem Abschluß im Wege stehen. Auch ihnen muß der Power-Seller Schritt für Schritt begegnen.

Aus Einwänden Zustimmung zu erzielen erfordert nicht nur argumentative Fähigkeiten, sondern auch gute Kenntnisse der Verhandlungstechniken. Wie im bisherigen Verkaufsgespräch wird der Power-Seller auch hier die Führung behalten.

Oberster Grundsatz: Wer bei Verhandlungen mehr agiert und weniger reagiert, wird die Oberhand behalten!

Aber: Hören wir uns erst einmal an, welche Einwände Kunden am häufigsten vorbringen:

- **Der Kunde sagt: „Der Preis ist zu hoch (das Produkt zu teuer)!“**

  Der Power-Seller merkt, daß er hier nur argumentativ vorgehen kann. Nachgeben im Preis verrät Schwäche! Er muß dem Kunden vermitteln, daß ein Produkt so teuer oder so billig ist, wie es in dessen Wertschätzung rangiert. Also muß er den hohen Wert des Produktes herausstellen, der den Preis rechtfertigt.

  Wie sagte Rudyard Kipling, Autor des „Dschungel-Buches“?: *„Die Schönheit liegt im Auge des Betrachters.“*

  Mögliche Reaktionen des Power-Sellers:

  „Wie meinen Sie das? Sie sind doch von der Qualität überzeugt, oder irre ich mich?“

  Der Power-Seller verweist auf die hohe Qualität und Langlebigkeit des Produktes, seinen hohen Nutzwert, auf die niedrigen Service-Kosten, rechnet vor, was in diesem Bereich bis zur nächsten Neuanschaffung eingespart werden kann, erklärt die umfangreichen Garantieleistungen. Er verbilligt mit dieser Methode („Gesamtpaket“) psychologisch den Preis!

  Gleichzeitig weist er auf die starke Nachfrage und die damit verbundenen Lieferfristen hin: *„Wenn soviele Kunden das Produkt kaufen, dann muß es doch wohl Vorzüge haben, die den Preis rechtfertigen!“*

Viele technische Produkte sind heute in Funktion und Aussehen beinahe so identisch, so daß kaum noch Unterschiede bestehen. Die Differenz besteht hauptsächlich im Preis und in den mit der Anschaffung verbundenen Service-Dienstleistungen (mitunter auch: Lieferfristen).

Hier wird der Power-Seller ansetzen und den sehr schnellen Kundendienst herausstellen (die Maschine steht nicht lange still – kurze Ausfallzeiten machen sie mehr als bezahlt). Allerdings muß der Power-Seller wissen, ob diese Versprechungen eingehalten werden können.

Jetzt rechnet der Power-Seller vor, wobei er seine Finger einsetzt:

„Herr Kunde, addieren Sie einmal alle Vorteile, die ich Ihnen genannt habe. Ziehen Sie vom Preis die Enttäuschungen ab, die aus dem Kauf eines Produktes von minderer Qualität mit Sicherheit entstehen werden. Dividieren Sie unseren Preis durch den höheren Nutzwert unseres Produktes, und multiplizieren Sie die Zufriedenheit, die unsere Qualität Ihnen beschert! Herr Kunde, unser Produkt ist damit eigentlich unbezahlbar!“

Andere Reaktionen, wenn der Kunde den zu hohen Preis beklagt:

„Offenkundig habe ich bislang versäumt, die außerordentlichen Vorteile meines Angebots zu schildern. Der wesentliche Vorzug liegt gerade im Preis, wenn wir einmal realistisch rechnen...“

Oder so:

„Der Preis ist zu hoch?“ Der Power-Seller wiederholt die Frage mit einem Anziehen der Stimmlage und fordert dann sachlich:

„Sagen Sie mir doch bitte, womit Sie den Preis unseres Produktes vergleichen!"

Oder auch so:

„Sie haben Furcht, übervorteilt zu werden!"

Hier konstatiert der Power-Seller ganz sachlich, trifft aber damit eine Aussage über das Gefühl des Kunden. Auf keinen Fall darf diese Aussage in eine Frage gekleidet werden, damit die Gefühle des Kunden nicht zum Diskussionsgegenstand werden.

Steht die Aussage einmal im Raum, wartet der Power-Seller schweigend die Reaktion des Kunden ab. In den meisten Fällen geht das Gespräch weiter, ohne daß der Kunde auf die Bemerkung weiter eingeht. Aber der Power-Seller hat damit den Nerv des Kunden getroffen.

Auch so (mit Gegenfragen) geht es:

„Kennen Sie ein Produkt, das Ihnen zu diesem Preis mehr Vorteile bietet?"

„Auf welches Angebot bezieht sich Ihr Vergleich?"

„Das Produkt ist zu teuer? Wie meinen Sie das?"

Weitere Argumentationshilfen:

„Ein teureres Produkt erweist sich auf Dauer immer als das preiswertere."

„Der Kunde will heute Qualität, daran führt kein Weg vorbei!"

„Der hohe Preis garantiert zugleich die hohe Qualität des Produktes."

- **Der Kunde fragt: „Warum sollte ich Ihr Produkt kaufen?"**

Der Power-Seller erkennt, daß der Kunde durchaus interessiert ist, aber noch weitere Argumente hören möchte. Zunächst einmal muß aber die Frage beantwortet werden.

Etwa so (mit einer Gegenfrage):

„Warum sollten Sie das Produkt nicht kaufen, Sie brauchen es doch! Und meines Wissens gibt es kaum Vergleichbares auf dem Markt. Nehmen wir nur die drei wesentlichen Vorteile..."

Oder so:

„Dieses Produkt sollten Sie kaufen, weil der unmittelbare Nutzen auf der Hand liegt. Sie sparen, übers Jahr gesehen, viel Geld, das Sie anderweitig einsetzen können..."

Bei Kunden, bei denen man ein wenig Druck anwenden kann:

„Ich möchte Ihnen mein Produkt in keinem Falle aufdrängen. Wenn Sie wirklich meinen, daß Sie es nicht benötigen, dann kaufen Sie es nicht! Aber schade wäre es doch. Denken Sie nur an den Vorteil des...."

- **Der Kunde sagt: „Ich habe im Moment keinen Bedarf!"**

Diese Antwort wird gern von Kunden im Bereich des Handels gegeben, also von Kunden, die die eingekauften Produkte weiterverkaufen. Der Power-Seller wird versuchen, die mentale Trägheit, die hinter diesem Einwand steckt, aufzudecken:

„Mit unseren Produkten decken Sie den Bedarf nicht, sie wecken ihn! Und damit erhöht sich Ihr Umsatz! Probieren Sie es einmal aus – Sie werden angenehm überrascht sein!"

Oder:

„Wenn es nur darum geht, daß Sie Schwierigkeiten haben, weitere Produkte in Ihren Regalen unterzubringen, kann ich Ihnen sicher helfen, indem..."

- **Der Kunde sagt: „Ich muß es mir noch einmal überlegen!"**

Hinter dieser Formulierung verbergen sich häufig nur Überlegungen des Kunden, wie er das Produkt finanzieren könnte. Der Power-Seller kann diesen Punkt direkt angehen und feststellen:

„Sie überlegen sicher die Finanzierung. Darüber sprechen wir doch gerade. Das Produkt macht sich in einem Jahr von selbst bezahlt!"

Oder:

„Vielleicht rechnen wir noch einmal durch, wie schnell sich das Produkt amortisiert..."

Oder:

„Stellen Sie sich bitte für einen Moment vor, das Produkt würde Ihnen bereits gehören und für Sie arbeiten. Der hohe Nutzen für Sie liegt doch auf der Hand: Erstens... zweitens... drittens..."

- **Der Kunde sagt: „Wegen einer Beteiligung bin ich bereits mit Ihrer Konkurrenz im Gespräch!“**

  Power-Seller: *„Ich freue mich, daß Sie sich bereits für eine Beteiligung interessieren, Herr Müller. Bleibt nur die Frage, welches Angebot für Sie das beste ist. Um ein Angebot bewerten zu können, muß man notwendigerweise Vergleiche ziehen, und dabei würde ich Ihnen gern behilflich sein. Paßt Ihnen ein Termin am Montag oder am Dienstag?“*

- **Der Kunde sagt: „Ich kann mich jetzt noch nicht entscheiden!“**

  Power-Seller: *„Ja, das verstehe ich, daß Sie eine wichtige Entscheidung nicht im Handumdrehen treffen. Aber wollen wir die Formalitäten nicht schon vorbereiten, so daß Sie sich noch in Ruhe entscheiden können? Wie lange, glauben Sie, werden Sie für Ihre Überlegungen noch benötigen? Darf ich vorschlagen, Sie zu Beginn der nächsten Woche wieder anzusprechen?“*

- **Der Kunde sagt: „Ich muß erst noch einmal mit meinem Steuerberater sprechen.“**

  Der Power-Seller wird den Stier bei den Hörnern packen und dem Kunden klarmachen:

  Bitte sparen Sie Ihre kostbare Zeit, und vereinbaren Sie für mich einen Termin bei **Ihrem** Steuerberater, damit ich ihm sämtliche Fragen, auch anhand von Dokumenten beantworten kann.

  „Bis Sie Ihren Steuerberater erreichen, haben Sie sicherlich wieder einige wichtige Fakten, die wir gerade durchgegangen sind, vergessen! Da wäre es besser, sofort in meinem Beisein anzurufen. Aber halten Sie sich vor Augen: Wenn

Sie Berater oder Anwalt wären, würden Sie dann Ihrem Klienten aufgrund eines kurzen Anrufes eine verbindliche Meinung abgeben. Und wie wird sich Ihr Berater verhalten?" Er wird neutral bleiben, wenn er ein guter Berater ist, er wird sich nicht festlegen. *„Meinen Sie nicht auch, daß Sie jetzt alle Informationen haben, die Sie für Ihre Entscheidung brauchen?"*

- **Der Kunde sagt: „Ich muß noch mit anderen Mitarbeitern im Hause reden."**

Die Antwort des Power-Sellers zielt auf das Gefühl:

„Sie wollen nicht, daß Ihnen jemand Vorwürfe macht!", stellt er in den Raum und versucht, während der Kunde über die Richtigkeit dieser Antwort nachdenkt, dessen Befürchtungen zu zerstreuen.

Ein anderer Weg:

„Wollen Sie mir ernsthaft erzählen, daß ein Mann in Ihrer Position in Ihrem Unternehmen nicht sofort eine intelligente Geschäftsentscheidung treffen darf..."

- **Der Kunde sagt: „Ich will erstmal die wirtschaftliche Entwicklung abwarten."**

Der Power-Seller antwortet:

„Sicher ist es richtig, Investitionen in der heutigen Zeit sorgfältig zu planen,und deswegen sollten Sie genau überlegen, was passiert, wenn Sie jetzt nicht investieren: Die Zeit läuft weg, und Sie verzichten auf Umsatz (Nutzen, Vorteile, bares Geld)! Denn in einem halben Jahr werden Sie vor der gleichen Frage stehen! Richtig?"

- **Der Kunde sagt: „Wir beziehen unsere Waren seit 10 Jahren von Müller&Co. Wir brauchen keinen neuen Lieferanten!“**

  Der Power-Seller:

  „Um mit Ihnen ins Geschäft zu kommen, muß ich Ihnen also ganz außerordentliche Vorteile bieten? Wie wäre es beispielsweise mit...?“

  „Meinen Sie nicht auch, daß es nur von Vorteil sein könnte, mehrere Lieferanten zu haben? Schließlich haben Sie dann viel bessere Vergleichsmöglichkeiten, was Preise und Qualität anbetrifft, und auch Ihre Kunden fühlen sich besser bedient...“

- **Der Kunde sagt: „Ihre Konditionen sind ungünstig“ oder: „Wir führen bereits andere Produkte.“**

  Einwände dieser Art sollten sogleich mit überzeugenden Hinweisen (Zahlen, Computerlisten) auf die besonderen Vorteile der Produkte beantwortet werden. Häufig ist nicht die Höhe der eingeräumten Rabatte entscheidend, sondern vielmehr die Umschlagsgeschwindigkeit, die erhöhten Umsatz bewirkt.

  Diese Argumentationskette schließt der Power-Seller ab mit der Bemerkung:

  „Was nützt Ihnen ein Produkt, auf das Sie 60 Prozent Rabatt erhalten, es aber nicht verkaufen können? Unser Artikel geht in anderen Geschäften weg wie warme Semmeln...“

- **Der Kunde sagt: „Mit Ihrer Firma habe ich schlechte Erfahrungen gemacht!“**

  Der Power-Seller wird diesen Einwand sehr ernst nehmen, es ist meist ein „echter“ Einwand. Folglich wird er den Kunden bitten, seine Beschwerden zu detaillieren und sich den Sachverhalt genau notieren.

Der Kunde muß überzeugt werden, daß seinen Vorbehalten nachgegangen und das, was ihn ärgert (z.B. unpünktliche Lieferung), abgestellt wird!

Der Power-Seller:

„Wenn wir einmal davon ausgehen, daß diese Punkte unverzüglich bereinigt (abgestellt) und Sie in Zukunft mit uns sehr zufrieden sein werden, dann sollten wir uns jetzt Ihren Wünschen zuwenden. Als Zeichen guten Willens mache ich Ihnen gern ein besonders günstiges Angebot...“

- **Der Kunde sagt: „Sie wollen ja nur verkaufen!“**

Der Power-Seller:

„Das stimmt! Ich will sogar, daß Sie mit meinem Angebot zufrieden sind und mich in Ihrem Bekanntenkreis empfehlen!“

Oder (eine Antwort aus den Telefon-Einwänden):

„Sicherlich will ich Ihnen gern etwas verkaufen! Vorausgesetzt, daß es Ihnen den Nutzen bringt, den Sie sich davon versprechen. Können wir darum diese Frage einmal gemeinsam untersuchen? Darf ich am Montag kommender Woche zu Ihnen kommen, oder wäre Ihnen der Freitag angenehmer?“

- **Der Kunde sagt: „Mein Etat ist ausgeschöpft!“**

Der Power-Seller:

„Bestimmt würde es Ihnen Freude machen, in Ihrem Etat noch mehr Mittel einsetzen zu können! Unser Produkt ist

nachgewiesenermaßen ein Umsatzrenner und könnte Ihnen diese Mittel in kürzester Zeit verschaffen...“

- **Der Kunde sagt: „Ich habe (jetzt) keine Zeit!“**

  Der Power-Seller:

  „Ich muß Ihnen also in einer Minute dreißig Sekunden nachweisen, welchen Nutzen Sie von meinem Angebot haben? Das ist nicht länger als ein Einzelbeitrag in der Tageschau! Fangen wir also sofort an...“

  Oder, wenn es darum geht, sich nicht „abwimmeln“ zu lassen:

  „Einverstanden, auch ich habe wenig Zeit! Da werden wir also schnell einig werden. In einer Minute wissen Sie, daß unser Angebot unschlagbar ist.“

- **Der Kunde sagt: „Ich habe bereits anderweitig eine Kapitalanlage getätigt!“**

  Der Power-Seller:

  „Dann schließen Sie auch mit unserem Unternehmen ab. Es ist immer gut, Kapitalanlagen zu streuen..“

  Oder besser:

  „Das kann ich nur begrüßen! Weil Sie wissen, welche Vorteile Kapitalanlagen mit sich bringen. Dann schließen Sie hundertprozentig bei unserem Unternehmen ab, weil wir auf diesem speziellen Gebiet die größte Erfahrung haben!“

- **Der Kunde sagt: „Ich lege mein Geld woanders besser an!“**

Der Power-Seller:

„Es ist sehr gut, daß Sie bereits feste Vorstellungen haben! Sicherlich kommt es Ihnen darauf an, maximalen Ertrag zu erwirtschaften. Aber denken Sie doch einmal auch an die Sicherheit Ihrer Investition. Unser Angebot kann Ihnen Sicherheit in hohem Maße und trotzdem eine sehr interessante Rendite bieten! Gerade Sie sollten doch an jeder überzeugenden Alternative interessiert sein...so daß Sie zufrieden in die Zukunft blicken können!“

- **Der Kunde sagt: „Das kann ich mir nicht leisten!“**

Der Power-Seller:

„Was meinen Sie damit? Ich bin sicher, daß Sie es sich **nicht** *leisten können, auf mein Angebot nicht einzugehen. Denken Sie an die Preissteigerungen! Denken Sie an die Vorteile, die Ihnen entgehen. Es wäre doch wirtschaftlich nicht vertretbar, darauf zu verzichten...“*

Oder:

„Ich verstehe, was Sie meinen. Es handelt sich in der Tat um eine hohe Summe. Aber sicher finden wir gemeinsam Mittel und Wege, das Geschäft daran nicht scheitern zu lassen. Überlegen wir einmal, wie...“

- **Der Kunde sagt: „Ich kann anderswo bessere Geschäfte machen!“**

Der Power-Seller:

„Warum hören Sie mich dann überhaupt an? Sie sind wahrscheinlich unsicher, ob ich Ihnen nicht doch günstigere Vorschläge machen kann! Damit liegen Sie durchaus richtig! Darf ich Sie gleich einmal davon überzeugen...“

- **Der Kunde sagt: „Wozu soll ich mich abstrampeln? Lieber arbeite ich weniger und zahle dann auch weniger Steuern!**

  Der Power-Seller:

  „Eine gute Idee – wer möchte das nicht? Und wenn ich Ihnen jetzt einen Weg aufzeigen könnte, der Ihnen hilft, Steuern zu sparen, dann haben Sie doch letzten Endes mehr Geld zur Verfügung, ohne daß Sie mehr arbeiten müssen."

- **Der Kunde sagt: „Sie sind heute schon der fünfte!"**

  Der Power-Seller:

  „Und der erste, der Ihnen heute ein außerordentliches Geschäft vorschlagen kann!"

- **Der Kunde sagt: „Ach Du meine Güte, schon wieder etwas Neues!"**

  Der Power-Seller:

  „ Genau, schon wieder etwas Neues! Wir müssen ja heute alle mit der Zeit gehen! Stillstand ist Rückschritt! Und unser Produkt trifft genau den Geschmack der Zeit! Auch Ihre Kunden wollen Neues! Zum Beispiel unsere..."

Für die Einwände, die Ihnen Ihre Kunden am häufigsten vorbringen, müssen Sie sich selbst Antworten nach den obigen Beispielen zurechtlegen. Aber nicht im Kopf, sondern schriftlich auf Papier – damit sie sich Ihnen einprägen!

Und für das nach der Einwandentkräftung folgende Gespräch legen Sie sich strategische und taktische Marschrouten mit Punkten fest, die Sie unbedingt im Auge behalten werden! Beim Power-Seller sieht das so aus:

Einwandbehandlung muß immer wieder intensiv geübt werden.

„Wir schätzen Menschen,
die frisch und offen ihre
Meinung sagen – vorausgesetzt,
sie meinen dasselbe wie wir“
Mark Twain

Wie der Power-Seller Einwände betrachtet

Einwände des Kunden sind Fragen an den Power-Seller, warum er kaufen soll!

Einwände halten das Verkaufsgespräch in Gang!

Einwände lassen die Probleme des Kunden erkennen und liefern neue Ideen für den Power-Seller!

Einwände fordern den Power-Seller heraus, dem Kunden zu helfen – nicht, einen Wettstreit der Argumente zu gewinnen oder auf Kosten des Kunden recht zu behalten.

❑ Was Einwände dem Power-Seller verraten

Einwände zeigen objektive und subjektive Widerstände des Kunden auf.

Einwände lassen den Power-Seller erkennen, wie nah oder wie weit der Kunde vom Abschluß entfernt ist!

❑ Wie der Power-Seller auf Einwände reagiert

Der Power-Seller prüft, ob der Einwand objektiver oder subjektiver Natur ist, da davon das weitere Vorgehen abhängt.

Der Power Seller zeigt Verständnis für die Emotionen des Kunden und versucht, sich mit dessen Problemen zu identifizieren.

Der Power-Seller hört dem Kunden zunächst aufmerksam zu, sammelt Informationen für seine Antwort bzw. Lösungsmöglichkeit.

Übertrieben formulierte Einwände wiederholt der Power-Seller zunächst in sachlicher Form, bevor er antwortet.

Der Power-Seller gestaltet seine Antwort nach Möglichkeit so, daß der Kunde seinen eigenen Einwand selber entkräften muß.

❑ und nach welchen Methoden er vorgeht

Der Power-Seller hat in seinem Repertoire mehrere Methoden, die er situationsgerecht einsetzt:

Er stellt den vom Kunden angeführten Nachteil gerade als wichtigen Vorteil heraus **(Umkehrmethode).**

Er wägt die Vor- und Nachteile des Produktes ab **(Plus-Minus-Methode).**

Er bestätigt den Einwand, aber geht sofort zur Schilderung der Vorteile über **(Überspring-Methode).**

Er verwendet die Methodik des Abschwächens, weicht durch Fragen die Einwände auf **(Zersetzungsmethode).**

Er entwickelt (in Frageform) anschauliche Vergleiche **(Vergleichsmethode).**

Er läßt den Kunden selber ausrechnen, wo seine Vorteile liegen **(Berechnungsmethode).**

Er läßt andere sprechen (Unterlagen, Dokumentationen) **(Referenzmethode).**

Er wiederholt mehrmals den eigenen Standpunkt durch Behauptungen. Motto: Steter Tropfen höhlt den Stein! **(Tropfenmethode).**
Er setzt den Kunden „in den Fahrersitz“, d.h., der Kunde kann den Gebrauchswert selbst erleben **(Praktischer-Versuch-Methode).**

Er läßt den Kunden selbst lohnende Beispielsrechnungen erarbeiten **(Beispielmethode).**

Die Verhandlungsstrategie des Power-Sellers

1. Ich will den Abschluß erreichen und werde Erfolg haben! Vielleicht muß ich irgendwo Kompromisse schließen, aber ich werde mich nicht mit Teilerfolgen zufriedengeben, sondern will den Gesamterfolg!

2. Ich glaube nicht jeden Einwand, der mir genannt wird, sondern versuche, die wirklichen Gründe so schnell wie möglich zu ermitteln! Dazu gehört, alle Einwände des Kunden entspannt entgegenzunehmen. Sie sind nicht persönlich gemeint! Ich höre zunächst sorgfältig zu!

3. Ich lehne unerfüllbare Forderungen ab und nenne meine eigenen Bedingungen deutlich und klar. Ich überzeuge durch Wahrheit und Klarheit. Ich verspreche keine Zugeständnisse, die ich oder mein Unternehmen nicht einhalten kann!

4. Ich versorge meine Kunden mit allen mir zur Verfügung stehenden Überzeugungshilfen wie Argumente, Beispielsrechnungen, Tabellen, Referenzen, Dokumentationen, Muster, Test- und Prüfberichte etc.

5. Im Gespräch nenne ich stets die positiven, niemals die negativen Punkte zuerst. Ich stimme dem Kunden zu, daß er recht hat, diesen Punkt (der sich hinter seinem Einwand verbirgt) anzusprechen, und stelle Gegenfragen, um zu erfahren, was er genau meint.

6. Bis auf situationsbedingte Ausnahmen werde ich Konfrontationen in der Argumentation vermeiden. Also nicht: Ja, aber.. – sondern Ja, und..
   Also so:
   Ja, und das ist der Nutzen, den Sie suchen!
   Ja, und das Problem möchten Sie lösen!
   Ja, und das ist wirklich notwendig!

   Hat der Kunde geantwortet, werde ich direkt fragen, ob er mit meinem Vorschlag einverstanden ist, ob wir uns jetzt einigen können. Verhandlungen bestehen aus allmählichem Aufeinanderzugehen – Schritt für Schritt!

7. Ergebnisse halte ich sofort schriftlich fest, so wie ich vorher auch meine Angebote und Vorschläge nach Möglichkeit nicht nur mündlich, sondern, auf Papier skizziert, schriftlich dargelegt habe!

8. Heikle Punkte hebe ich für das Ende auf. Ist erstmal auf anderen Gebieten Zustimmung erreicht, wird der Kunde die Verhandlung nicht mehr scheitern lassen wollen! Fragen, die ich am Ende stelle, lauten etwa so:
   Sind noch irgendwelche Punkte offen?
   Sind Sie unter folgenden Voraussetzungen einverstanden?

9. Ich fasse noch einmal die wichtigsten Vorteile zusammen und achte darauf, die positiven Bemerkungen, die der Kunde selbst gemacht hat, dort einfließen zu lassen.

10. Ich biete, wenn es die Situation erfordert, dem Kunden

noch einen „Bonbon“ an: ein Zugeständnis, das ich leichten Herzens machen kann, aber bislang für diese Gelegenheit in der Reserve gehalten habe.

Wie der Power-Seller in Verhandlungen taktisch vorgeht

Von Gipfeltreffen oder Abrüstungsverhandlungen kennen wir offizielle Verlautbarungen wie: *„Das Gespräch verlief in einer Atmosphäre gegenseitiger Achtung und Anerkennung. Fragen von beiderseitigem Interesse wurden auf konstruktive Weise erörtert und die Standpunkte offen vertreten...“*

Auf Deutsch: Die Verhandlung stand kurz vor dem Abbruch...

Soweit läßt es der Power-Seller nicht kommen. Sein taktisches Konzept beruht auf einer gründlichen Vorbereitung – jeder Kunde ist einzigartig und erfordert eine spezielle Behandlung. Ebenfalls zum Konzept gehört die strikte Einhaltung dieser Regeln:

1. Ich bemühe mich um eine gute Gesprächsatmosphäre. Ich bin unterhaltsam und freundlich, ohne aufdringlich oder hektisch zu wirken. Das Gespräch mit mir muß für den Kunden ein Erlebnis werden!

2. Ich bin im Gespräch ganz entspannt und lasse mich nicht von meinem Gesprächspartner provozieren! Mein Ziel ist es, den Kunden zum Reden zu bringen!

3. Ich spreche ruhig, überlegt und nachdrücklich. In meinen Aussagen liefere ich ohne langes Herumreden konkrete Einzelheiten und Fakten! Wenn ich spreche, achte ich auf Pausen und vermeide einen Schwall von Worten!

4. Meine Unterlagen sind gut geordnet und jederzeit griffbereit! Wo möglich, setze ich schriftliche oder visuelle Unterlagen zur Verstärkung meiner Argumente ein! Dabei achte ich drauf, daß der Kunde miteinbezogen wird, etwa, indem ich ihm besonders überzeugende Unterlagen übergebe!

5. Ich achte auf den Wortschatz des Kunden und verwende seine Begriffe und Formulierungen in meiner Argumentation. So gibt es keine Mißverständnisse um Begriffe, die der Kunde möglicherweise anders (z.B. negativ) deutet als ich!

6. Ich gebe meinem Kunden direkte und brauchbare Antworten, die er verstehen kann. Ich spreche eindringlich und mit Nachdruck – aber ich vermeide es, den Kunden rethorisch zu „überfahren“!

7. Ich kenne mein Verhandlungsziel. Ich lasse es nicht aus den Augen und steuere unbeirrt und souverän darauf zu!

Kapitel 7

Die Magie des Power-Selling

Lernen Sie mit dem Power-Seller, Ihr Lampenfieber zu beherrschen!

Kaum ein Künstler ist frei von Lampenfieber, den Angstgefühlen vor dem entscheidenden Auftritt: Wird alles gutgehen? Werde ich meinen Text beherrschen? Werde ich mein Publikum begeistern können?

Der Verkäufer fühlt im Grunde nicht anders. Mag man es Lampenfieber, Hemmungen oder Angst nennen – manche Verkäufer tun sich aus diesem Grund schwer, auf den Kunden offen und entspannt zuzugehen. Das ist nur allzu menschlich.

Aber: Bei überraschend vielen Verkäufern stellen sich, insbesondere in der entscheidenden Phase des Abschlusses, richtiggehende oder unterschwellige Ängste ein, die schon manches Geschäft zerstört haben.

Vom Telefontermin bis zum krönenden Abschluß ist der Weg mit der ständigen Gefahr der Zurückweisung gepflastert. Kein Mensch läßt sich gern abweisen, keiner möchte eine Niederlage einstecken, keiner möchte sich als „Versager“ fühlen.

Ich habe schon Verkäufer gesehen, die zielstrebig und geschickt mit ihrer Präsentation auf den Abschluß zusteuerten – und die im entscheidenden Augenblick der Mut verließ. Der Mut, die Früchte der Arbeit zu ernten und den Kunden endlich zur Entscheidung zu bringen.

Urplötzlich befiel sie Versagensangst. Angst, einen Fehler gemacht zu haben, den der Kunde entdecken könnte: Angst, den ersehnten Auftrag zu verlieren. Wo die Angst regiert, da ist die Konzentration auf das Ziel dahin!

Im entscheidenden Moment vor dem Abschluß, in dem sich eigentlich die ganze Magie des Verkaufens entfalten sollte, verläßt viele Verkäufer Mut und Übersicht, haben sie vergessen, daß sie Verkäufer sind!

In diesem Moment benehmen sie sich wie Schuljungen, die die Austeilung ihrer Zeugnisse mit dem schicksalsergebenen Gedanken erwarten: Vielleicht bin ich ja doch nicht sitzengeblieben...

Die Stimmung des Verkäufers ist also jäh umgekippt. Vor wenigen Minuten noch voller Zuversicht in Gemüt und Stimme – jetzt unsicher, kein Selbstvertrauen mehr. Am Ende dieser Situation steht in den meisten Fällen ein verlorengegangenes Geschäft.

Der Kunde hat plötzlich die Unsicherheit des Verkäufers gespürt und dann einen Einwand oder gar ein verstecktes Nein in das Verkaufsgespräch geworfen. Der Verkäufer ist enttäuscht, physisch und psychisch geschafft. Nur eines hat er im Kopf: schnell weg vom Kunden!

Dann folgt der Katzenjammer: Er hat es nicht geschafft, aus dem Nein des Kunden ein Ja zu machen, er hat versagt! Um sich wieder aufzubauen, greift dieser Verkäufer zu hergesuchten Alibis: Heute war eben ein schlechter Tag, das kann ja mal vorkommen. Der Kunde wollte doch von Anfang an nicht – was soll man da machen? Morgen, beim nächsten Mal, da wird er bestimmt zu großer Form auflaufen! Und übermorgen – da kommen die wirklich großen Umsätze!

Wie lassen sich derartige Situationen vermeiden? Sicherlich durch **eine ganz bestimmte innere Einstellung,** resultierend aus dieser Überlegung:

So wie die Produkte des Verkäufers dem Kunden bei der Lösung seiner Probleme helfen, so muß der gute Verkäufer dem Kunden helfen, eine positive Entscheidung zu erreichen.

Der Verkäufer in der positiven Rolle des Helfers – wovor muß er dann noch Angst haben? Der Abschluß, das krönende Ende der Verkaufsbemühungen, wird nicht länger als Sieg (für den Verkäufer) oder Niederlage (für den Kunden) betrachtet bzw. umgekehrt. **Vielmehr ist es ein gemeinsames Ziel, das beide Parteien erreichen wollen. Verkäufer und Kunde sind keine Gegenpole mehr!**

Für einen Moment schlüpfen Sie jetzt in die Rolle des Power-Sellers. Wir zeichnen ein Bild: Sie nehmen den Kunden an die Hand, gehen mit ihm gemeinsam den Weg bis zum Abschluß, führen ihn dorthin. Der Kunde findet Sie sympathisch, und das gibt Ihnen Auftrieb!

Unterwegs wird der Kunde kaum auf den Weg achten (er wird ja geführt), umso mehr auf die wunderschöne Landschaft, durch die Sie ihn führen und die Sie ihm mit gewinnender persönlicher Anteilnahme zeigen und erläutern.

Am Ende der Wanderung bedankt und verabschiedet sich der Kunde ganz von allein von Ihnen mit einem Auftrag, denn es war ja sein Wunsch, am Ziel anzukommen, und die Wanderung war überaus anregend und erholsam!

Merken Sie, warum ich dieses harmonische Bild entworfen habe? Wenn Sie es innerlich umsetzen können, werden Sie mit Ihren Kunden völlig angstfrei umgehen können!

Sie müssen nur beschließen, der Führende zu sein. Sie nehmen den Kunden bereits am Anfang Ihres Verkaufsgesprächs an die Hand und führen ihn bis zum Ziel.

Sie kennen den besten Weg für Ihren Kunden – und wenn Sie am Ziel angekommen sind, sagen Sie zum rechten Zeitpunkt: „Wir sind da!“ Unterwegs bleibt Ihnen genügend Zeit, dem Kunden hier und da zu helfen! Dafür wird er Ihnen dankbar sein!

Wie Sie wissen, haben negative Suggestionen (Also etwa: „Ich habe keine Angst“) kaum positive Wirkungen. Ein positives, angstfreies Bild wie das obige hingegen nimmt Ihr Unterbewußtsein mit Freuden auf und wird es bestärken!

Und Sie, der Helfer, werden keine Probleme haben, den Kunden angstfrei und somit mit überzeugender Selbstsicherheit um seine Entscheidung zu bitten – und den Abschluß zu erreichen!

Derart positiv eingestimmt, wenden wir uns jetzt der Magie des Power-Selling zu!

Der Abschluß – der magische Moment für den Power-Seller

Der Abschluß ist im Leben jedes Verkäufers jener magische Moment, in dem der Kunde seinen Auftrag per Unterschrift besiegelt und der Verkäufer für seine Anstrengungen doppelt belohnt wird.

Zum einen erringt er für sein professionelles Ego die Bestätigung: Wieder einmal hast Du es geschafft, ein gutes Produkt zu verkaufen, weil Du gut darin bist, andere Menschen zu begeistern und zu überzeugen! Zum anderen sichert der Abschluß die Provision. Auch der Verkäufer will leben.

Welche der beiden Punkte schwerer in die Waagschale fällt, mag bei jedem Verkäufer unterschiedlich sein. Ein Vergleich mit dem Profi-Fußball drängt sich auf: Da werden vor wichtigen Spielen, z. B. Endspielen, hohe Prämien für den Sieg ausgelobt. Jeder Spieler weiß, daß es viel Geld gibt, wenn sein Verein gewinnt.

Nahezu übereinstimmend sagen jedoch alle Fußball-Profis aus, daß das Geld, hat das Spiel erst einmal angefangen, nur in zweiter Linie motiviert. Das mentale Ziel, zu gewinnen, steht auch ohne Extra-Prämie fest.

Erzielt ein Spieler dann ein Tor, steht seine Begeisterung darüber zunächst an erster Stelle – es geht in diesem Moment allein um persönliche Gefühle, nicht um Geld. Es geht um das unbeschreibliche Erfolgsgefühl, die Freude darüber, daß die eigene Leistung belohnt wurde und ein positives Ergebnis bescherte.

Genauso ist es im Verkauf, wenn der Abschluß zustandegekommen ist. Kein Verkäufer der Welt wird gleichgültig bleiben, wenn der Kunde abschließt.

Vergessen sind für einen Augenblick die Mühen und Anstrengungen, die zu diesem Punkt geführt haben, all der Aufwand, die sorgfältigen Überlegungen und Planungen, die unfangreichen Berechnungen, die ständig kreisenden Gedanken um den Kunden und sein Verhalten!

Der Power-Seller ist in das Gespräch gegangen mit der festen, Selbstsicherheit gebenden Überzeugung: Ich werde den Kunden nicht ohne Abschluß verlassen, etwas anderes ist gar nicht vorstellbar!

Trotzdem ist der Abschluß im Moment, in dem er sich dann ereignet, für den Power-Seller ein persönlicher Triumph. Seine Strategien, seine kleinen Taktiken sind aufgegangen. Seine Inszenierung hat ein gutes, erfolgreiches Ende gefunden.

An einem bestimmten, entscheidenden Moment, den nur er erkennen konnte, hatte er das letzte Glied eingefügt, um den

Kunden zum Abschluß zu bewegen. Ein besonderes Argument, eine bestimmte, kleine Geste oder auch nur ein gezieltes Schweigen.

Auf jeden Fall: Er hatte den richtigen Moment erkannt und ergriffen, um den Abschluß zu erzielen!

Immer wieder werde ich gefragt, welche besonderen Eigenschaften den Power-Seller letztendlich befähigen, den richtigen Moment des Abschlusses beim Kunden zu erkennen, um dann zielstrebig zu handeln.

Denn alle wissen: Dieser flüchtige Moment kann schnell vorübergehen, unbemerkt vom Verkäufer. Ist er vorbei, hilft nichts mehr – der Kunde bleibt bei seinem Nein und schließt nicht ab.

Worin also liegt die besondere Befähigung des Power-Sellers, beim Abschluß stets zum Erfolg zu kommen? Ich habe dafür zwei Erklärungen:

Power-Seller beherrschen die kleinen, sehr feinen Körpersignale, die unsere Mitmenschen für uns öffnen oder gegen uns abrupt verschließen. Power-Seller beherrschen die Kunst, diese Signale auszuüben, bei anderen zu sehen und richtig zu deuten.

Und: Power-Seller besitzen hypnotische Fähigkeiten. Damit ist nicht gemeint, daß sie den Kunden hypnotisieren können wie die Schlange das Kaninchen. Sondern sie haben die Fähigkeit, ihr ganzes Wesen in den Augen-Blick, den Blick der Augen zu legen, und in ihre Stimme. Denn auch die Stimme hat hypnotische Fähigkeiten.

Diese beiden besonderen Fähigkeiten des Power-Sellers wollen wir im Detail untersuchen!

Wie der Power-Seller zwei seiner besonderen Abschlußfähigkeiten ausspielt

1. Der Power-Seller erkennt versteckte Kaufsignale

Der Kunde unterbricht den Verkäufer in dessen Verkaufsgespräch abrupt und sagt: *„Ich hab`s eilig. Wo muß ich jetzt unterschreiben?“*

„Aber ich bin doch noch gar nicht fertig mit meinem Verkaufsgespräch!“ protestiert der Verkäufer.

Ob es Szenen wie diese wirklich gibt, in denen der Verkäufer unsensibel für alles, was vom Kunden kommt, seine AIDA-Arie herunterschmettert?

Auf jeden Fall lassen die rezeptorischen Fähigkeiten vieler Verkäufer sicherlich zu wünschen übrig. In der obigen Szene hat der Kunde mit Bestimmtheit schon einige Zeit Körpersignale „mit dem Holzhammer“ ausgesendet: immer häufigere Blicke auf die Uhr, Verdrehen der Augen, Herumgerutsche auf dem Stuhl, tiefes Luftholen etwa.

Wenn es darum geht, Körpersignale zu entdecken, die auf die Bereitschaft des Kunden zum Abschluß hindeuten, werden die entsprechenden Zeichen wesentlich subtiler.

Es gehören dann die scharfe Beobachtungsgabe und die Erfahrung des Power-Sellers dazu, sie zu erkennen und richtig zu deuten.

Ein besonders schwer zu beobachtendes Signal der Zustimmung stellt vor allem die **Erweiterung der Pupillen** dar. Weiten sich die Augen, ist der Kunde zum Abschluß bereit. Dieses zu beobachten und zu erkennen, erfordert erhebliches Geschick.

Man kennt dieses Phänomen aus verschiedenen experimentiellen Überprüfungen im Labor: Versuchspersonen wurden Fernseh-Werbespots vorgesetzt, mit Spezialkameras Bewegungen und Veränderungen der Augen registriert.

Festgestellt wurde, daß der Erweiterungsgrad der Pupillen verriet, ob die Werbebotschaft akzeptiert wurde oder nicht.

Berührt der Kunde – vielleicht nur in einer flüchtigen, vorübergehenden Bewegung – die Nasenspitze mit Hand oder Zeigefinger, ist Aufmerksamkeit geboten.

Das Nase-Reiben (oder Berühren) ist ein Zeichen der Ablehnung – der Kunde ist also noch nicht überzeugt und ein gutes Stück vom Abschluß entfernt.

Ähnliches entschlüsselt der Power-Seller, wenn **sein Kunde sich zurücklehnt und das Kinn in der Hand aufstützt.** Er ist kritisch oder skeptisch – der Power-Seller wird seine Argumentation entsprechend überzeugender darstellen.

Doch genau hinblicken! **Reibt der Kunde sein Kinn,** signalisiert er Zufriedenheit und Genugtuung. Wahrscheinlich ziehen vor seinem Auge die Bilder des Produktes und seiner Vorteile vorbei.

Noch deutlicher verraten die Hände den inneren Zustand des Kunden: Er sieht sich schon im Besitz des Produktes, wenn die **Fingerspitzen der einen Hand leicht über den Rücken der anderen Hand streichen.**

Oder die **Fingerspitzen liegen gegeneinander und vollführen leicht massierende Bewegungen:** Das Signal, zum Abschluß zu kommen.!

Absolut sicher in seinem Standpunkt präsentiert sich der

Kunde, der **breitbeinig steht und die Daumen in die Achselhöhlen gesteckt** hat.

Schlägt der Kunde die **Beine übereinander, lehnt er sich entspannt zurück oder geht zum Fenster,** hat er innerlich den Entschluß gefaßt, zu kaufen. Hier wird der Power-Seller reagieren.

Alle Gesten, die vom Körper wegführen, signalisieren aufrichtige Züge. Gesten, die nach innen führen, deuten auf Hemmungen hin.

In seinem Abschlußgespräch wird der Power-Seller stets versuchen, durch geeignete Fragen seine Beobachtungen und Erkenntnisse zu kontrollieren.

Etwa durch Fragen wie: *„Würden Sie mir bitte das Konto benennen, auf das die Miete gezahlt werden soll?“* Oder: *„Ich könnte Ihnen hier gleich zusagen, daß wir Ihr Bad in Marmor auslegen.“*

Diese Unterstützung durch **Kontrollfragen** ist höchst wichtig, lassen sich doch subjektive Einwände des Kunden durch die Kombination von Fragen und die Entschlüsselung von Körpersignalen leichter lokalisieren und durch geeignete Argumentation dann entkräften.

Körpersprache ist für den Power-Seller die „zweite Sprache“. Er weiß: Je einfacher das „Bewegungsvokabular“ eines Menschen ist, desto besser eignet es sich zur Manipulation.

Der Power-Seller wird daher seinen Kunden nie aus den Augen lassen, sondern dauernd beobachten: seine Regungen, Handbewegungen, Augensignale und das Mienenspiel.

2. Wie der Power-Seller auf seine Kunden einwirkt

Zu den bemerkenswertesten Fähigkeiten des Power-Sellers gehört das Vermögen, den Kunden unterschwellig „hypnotisieren“ zu können. Mit den auf Jahrmärkten angebotenen Veranstaltungen hat dies freilich nichts zu tun.

Kein Power-Seller kann dem Kunden hypnotisch befehlen: *„Unterschreiben Sie hier!“* **Es geht vielmehr darum, subtile Suggestionen zu vermitteln, die den Kunden öffnen sollen. Der Power-Seller benutzt dazu seine Augen und seine Stimme.**

Die Augen des Power-Sellers sind eines seiner wichtigsten Verkaufsinstrumente.An anderer Stelle habe ich bereits erwähnt:

Durch den bewußten Einsatz unserer Augen läßt sich die Suggestivkraft unserer Worte um 25 Prozent steigern.

Wenn der Power-Seller spricht, blickt er den Kunden an, um seinen Worten mehr Ausdruck zu verleihen. Selbstverständlich wird er dem Kunden nicht unverwandt in die Augen starren, ihn fixieren. Sein Blick ruht vielmehr in Höhe der Nasenwurzel des Kunden. Der Power-Seller ist sich bewußt, daß er mit den Augen Suggestionen vermittelt.

Seine Suggestion lautet: Ich glaube an Sie! (den Kunden). Menschen schließen sich nur dann für Suggestionen auf, wenn sie aus dem Gefühl einer allgemeinen Menschenliebe gegeben werden, sagt Enkelmann.

Ein Mensch, der in den Augen des anderen spürt, daß man ihm glaubt, daß man ihn schätzt, ihm wohlgesonnen ist, wird sich dieser Suggestion öffnen. Ein anderer, der durch Augenkontakt spürt, daß man ihn ablehnt, wird sich verschließen.

Also legt der Power-Seller sein ganzes Vertrauen und seine ganze Liebe, sein ganzes freundliches Wesen in seine Augen-Blicke! Er will den Kunden von sich einnehmen, ihn faszinieren.

Suggestionen von hypnotischer Kraft setzt der Power-Seller zugleich mit seiner Stimme ein. **Wohlklingend, ohne Hast sprechend, mit wirkungsvollen Pausen zieht der Power-Seller die Aufmerksamkeit des Kunden auf sich.**

Gleichzeitig geht er in dem, was er sagt, auf die Äußerungen des Kunden ein, reflektiert und verstärkt das Gesagte. Dieser Prozeß erfordert höchste Aufmerksamkeit und Konzentration. Der Power-Seller muß sich auf die gleiche emotionale Stufe mit dem Kunden begeben, ein Einstimmungsprozeß, den nur wenige beherrschen.

Ich kenne Power-Seller, die sich wie ein Chamäleon nicht nur der Denkweise des Kunden anpassen können, sondern sich auch in Tonfall, Sprechgeschwindigkeit und Sprachrhythmus ihm völlig anpassen.

Ein solches „Chamäleon“ erlebte ich vor Jahren einmal in einer angesehenen Industrie-Werbeagentur in Frankfurt während einer Präsentation. Dieser Mann besaß die Gabe, vor mehreren Kunden zu sprechen und jeweils eine getreue Sprach- und Denkkopie desjenigen zu sein, den er gerade ansprach. Er hatte jeden einzelnen der sechs in dieser Runde „hypnotisiert“. Sie vergaben den Werbeetat an ihn!

Einige Zeit später sah ich dieses „Chamäleon“ überraschend in einem Spielfilm von Alexander Kluge, und bei mir fiel der Groschen: Bei der Etatpräsentation der Werbeagentur ging es um viele Millionen. Der Werbechef hatte eigens für die Präsentation einen fähigen Schauspieler engagiert und als Mitarbeiter seiner Agentur ausgegeben, um die Kunden zusätzlich in den Bann zu ziehen...

Zum Abschluß ein paar „Hypnose“-Vorschläge, die Sie anwenden können:

- Treten Sie ruhig und entspannt auf, zeigen Sie deutlich warme Herzlichkeit.
- Beantworten Sie geduldig jede Frage ohne aggressive Emotionen: Sie sind ja tolerant und optimistisch, aufrichtig und offen.
- Sprechen Sie melodiös und verständlich, aber reden Sie nicht zuviel.
- Stellen Sie Fragen, mit denen Sie die Hemmungen des anderen abbauen können, machen Sie behutsame Vorschläge, signalisieren Sie Ihr Verständnis nicht nur verbal, sondern auch durch Körpersprache (Kopfnicken, interessiertes Ansehen des Gegenübers).

Je größer Ihre Konzentrationskraft ist, desto größer wird Ihre Anziehungskraft, desto mehr wird Ihr Gegenüber von Ihnen fasziniert sein!

Mit welchen Fragen Sie als Power-Seller den Abschluß herbeiführen

In seinem Repertoire hat der Power-Seller eine Reihe von Fragen-Variationen, die er je nach Fortschritt des Verkaufsgespräches gezielt mit Überlegung einsetzt:

- ❑ Der Power-Seller stellt eine Reihe **geschlossener Informationsfragen,** die das vorangegangene Gespräch betreffen und zu einer einheitlichen Schlußfolgerung führen, zum Beispiel:

  „Haben Sie meine Ausführungen verstanden?“

„Haben Sie die Fakten überzeugt? Sind Sie vom Nutzen unseres Produktes überzeugt?“

Mehrere Fragen dieser Art führen zu einer Fragenkette, die Frage für Frage, ähnlich wie bei einem Dreisatz, in eine Beweisführung einmünden. Diese Fragen sind nicht ungefährlich. Kommt bei einer Frage kein überzeugendes Ja, muß der Power-Seller erstmal den Einwand ausräumen und erneut mit seiner Fragenkette beginnen.

- ❑ Der Power-Seller arbeitet mit **Suggestivfragen.** Zum Beispiel:

„Das heißt, daß Sie überzeugt sind!“

„Das können Sie doch sicher entscheiden!“

Damit bringt der Power-Seller das Gespräch in Richtung Abschluß. Er wird diese Frageform einsetzen, wenn er bei einem Kunden noch geringfügige Widerstände ausräumen muß. Der Power-Seller sieht die Gefahr: Bei starkem Widerstand können Suggestivfragen Aggression provozieren.

- ❑ Der Power-Seller schießt eine **Fangfrage** ab. Beispiel:

„Was sind denn Ihrer Meinung nach die drei wichtigsten Kriterien für eine Kapitalanlage?“

Ein oder zwei Punkte wird der Kunde vielleicht nennen, beim dritten sich schon schwer tun. Der Power-Seller reicht ihm schnell die helfende Hand:

„Sie bevorzugen doch an erster Stelle Sicherheit!“

„ Sie legen doch sicher Wert auf eine hervorragende Rendite?“

„Ist es nicht so, daß Sie auch noch Inflationsschutz und Wertsteigerung begrüßen würden?"

Schon können ein letztes Mal die Vorzüge des eigenen Angebots in zwei Sätzen wiederholt werden.

- Der Power-Seller stellt eine **direkte Frage.** Sie eignet sich vorzüglich, um herauszufinden, in welcher Entfernung der Abschluß noch liegt. Beispiel:

  „Wann möchten Sie eigentlich die erste Eigenkapitalrate an die Bank zahlen?"

  „Können wir am Dienstag um 16 Uhr zum Notar gehen?"

  Der Kunde muß jetzt Stellung beziehen, ob er zustimmt oder noch zögert. Der Power-Seller kann immer darauf verweisen, daß er die Frage nur vorsorglich gestellt habe, wegen der Termine usw...

- Der Power-Seller stellt mit Fingerspitzengefühl eine (oder mehrere) **Alternativ-Fragen,** läßt dem Kunden also die Wahl zwischen zwei Möglichkeiten. Beispiel:

  „Glauben Sie, daß Sie mit 50.000 Mark Invaliditätsabsicherung ausreichend versorgt sind oder meinen Sie nicht auch, daß Sie mit 100.000 Mark lieber auf der sicheren Seite stehen sollten?"

  Alternativ-Fragen eignen sich am besten, den Kunden zum Abschluß zu bewegen – vorausgesetzt, sie werden nicht zu früh und nicht zu banal gestellt. Ein gutes Beispiel:

  „Bevorzugen Sie die Wohnung in der ersten Etage oder im Dachgeschoß?"

- Der Power-Seller rückt mit einer **Isolationsfrage** näher an den Abschluß heran, wenn er merkt, daß ein Kunde die Entscheidung noch nicht treffen will. Beispiel:

  Der Kunde äußert:

  „Ich bin mir nicht sicher, ob sich die Investition für meinen Betrieb rechnet."

  Der Power-Seller:

  „Ist das der einzige Punkt, der Sie von einer positiven Entscheidung abhält?"

  Oder:

  „Wenn wir diesen Punkt geklärt haben, sind Sie dann damit einverstanden?"

Wie der Power-Seller durch Ja-Fragen und überzeugtes Handeln den Abschluß herbeiführt

In unserem Beispiel geht es um einen steuerbegünstigten Immobilienkauf. Im letzten Drittel des Verkaufsgesprächs beginnt der Power-Seller seinen Kunden so zu behandeln, als besäße dieser schon die Wohnung.

Der Power-Seller mit dynamischer Sprechweise und entschlossenem Blick: *„Also, ich erläutere Ihnen jetzt einmal Ihre Vorteile: Ihnen gehört jetzt die Wohnung Nr. 18. Sicherlich freuen Sie sich über diesen Kauf, denn die Immobilie besitzt eine vorzügliche Südlage! Und außerdem erstattet Ihnen das Finanzamt Ihre gezahlten Steuern zurück! Das freut Sie doch sicherlich auch? Da brauche ich schnell einmal Ihre Steuernummer,* *die trage ich hier gleich ein. Damit Sie schnell Ihr Geld vom Fiskus bekommen. Hier bitte unterschreiben!"*

Zügig geht es weiter: *„In vier Monaten spätestens gibt`s Geld. Das freut Sie doch sicher? Bitte nennen Sie mir Ihre Bankverbindung, die trage ich auch gleich ein!"*

Und auch weiterhin macht es der Power-Seller dem Kunden leicht, zu unterschreiben: *„Hier ist der Antrag für ein gesondertes Mietkonto. Ihnen gehört die Wohnung Nr. 18, also muß Ihr Mieter wissen, wohin er sein Geld überweisen soll. Sie wollen doch jeden Monat Miete kassieren, nicht wahr? Ist das so in Ordnung? Hier bitte eine Unterschrift!"*
Und so weiter bis zum Kaufantrag.

Dieser Power-Seller sammelt zügig, selbstsicher und überzeugend verbale Zusagen. Nach dem Motto:

Nicht argumentieren, sondern überzeugen!

Der Auftrag ergibt sich so von selbst, und die endgültige Unterschrift ist ein Akt der Selbstverständlichkeit.

Der Abschluß aus der Sicht des Power-Sellers

Wenn es zum Abschluß kommt, ist der Power-Seller die Ruhe und Gelassenheit in Person! Entspannt und offen für alle kleinen Signale des Kunden, kann er sofort positiv handelnd eingreifen.

Wer verkrampft ist, kann nicht frei denken! Deshalb lautet die erste Regieanweisung des Power-Sellers an sich selbst;

> Handle stets so, als ob der Abschluß eine Selbstverständlichkeit ist, so als ob Du den Auftrag schon in der Tasche hättest!

Der Power-Seller und sein Kunde sind in diesem Moment die beiden einzigen Personen im ganzen Universum!

Der Rest der Welt ist völlig entrückt – existiert einfach nicht mehr! Wie weggeblasen sind auch alle anderen Gedanken an Aufträge, Umsatz und Termine – sämtlicher gedanklicher Ballast ist abgeworfen.

Egal, wieviele Kunden der Power-Seller vorher besucht hat oder später noch besuchen wird:

Hier und jetzt ist er mit diesem seinem einzigen Kunden zusammen. Es gibt gar keine anderen Kunden mehr! Dies ist sein einziger, erster und bester Kunde, dem er seine ganze Konzentration, Aufmerksamkeit und Zuwendung widmet!

Kunden können diese Atmosphäre spüren! Sie werden ebenfalls gelockerter, offener und nähern sich dem Kaufentscheid mit immer geringerem Widerstand.

Der Power-Seller läßt sein Ziel, das er sich vor Beginn der Verhandlung gesetzt hat, nicht aus den Augen. Das Ziel hat er realistisch eingeschätzt. Es ist erreichbar, nicht unrealistisch hoch angesetzt. Und deshalb hat er sich vorgenommen, keinen Zentimeter nachzugeben und das Ziel auf jeden Fall zu erreichen!

Er ist überzeugt, daß es gar kein anderes Resultat geben wird, als dieses: Gemeinsam mit dem Kunden wird er am Ziel ankommen!

Mit dieser positiven inneren Haltung vermeidet der Power-Seller die Fehler anderer Verkäufer, die von (Auftragsverlust-) Ängsten befallen werden, sich verkrampfen und am Ende am Kunden vorbeiargumentieren.

Die 12 Regieanweisungen des Power-Sellers an sich selbst für den Abschluß

1. Handle stets so, als ob der Abschluß eine Selbstverständlichkeit ist!

2. Setze dir ein konkretes Ziel! Denke daran: Kunden wollen immer Champagner, auch wenn ihr Etat eigentlich nur für Bier ausreicht. Finde mit dem Kunden einen gemeinsamen Weg, daß er trotzdem Champagner bekommt!

3. Stell dir plastisch vor, du hättest den Auftrag schon in der Tasche!

4. Erkenne den richtigen Zeitpunkt – er kommt nur einmal!

5. Rede wenig! Nenne kurz und prägnant die Konditionen!

6. Schweige gegebenenfalls!

7. Denke an deinen Erfolg! Strahle Selbstsicherheit und Vertrauen aus – auch der Kunde wird dann sicherer!

8. Mache es dem Kunden leicht, zu unterschreiben:Ein vorbereiteter Auftrag hilft; ebenso ein großes X, schwungvoll vor den Augen des Kunden auf das Papier gebracht, dort wo er unterschreiben soll!

9. Vermeide jede Dramatisierung der Abschlußhandlung. Hilf dem Kunden bei seiner Entscheidung! Gib ihm das Gefühl, selbst entschieden zu haben!

10. Zeige nicht die geringste Unsicherheit in Handlungen oder Stimme!

11. Bleibe ruhig und gelassen! Mache keine Fehler beim Ausfüllen der Auftragsformulare!

12. Gratuliere und bedanke dich beim Kunden! Aber nicht in einer überschwenglichen Form! Bestärke den Kunden in der Richtigkeit seiner Entscheidung!

Der Abschluß aus der Sicht des Kunden

Endlich einmal ein Verkäufer, der sympathisch ist und sagt, was er von mir will! Dabei habe ich das Gefühl, daß er meine Probleme kennt und an einer echten Lösung interessiert ist!

Der Mann scheint außerdem genau zu wissen, wovon er spricht! Jedenfalls habe ich Nutzen und Vorteile seines Angebotes vorhin ziemlich klar verstanden.

Na, und außerdem hat der Verkäufer überzeugend argumentiert! Daß ich in Zukunft monatlich 600 Mark einsparen kann, hat mich überrascht! Ohne den Verkäufer hätte ich nicht gewußt, wie das geht!

Für mich war natürlich auch wichtig, was der Verkäufer inhaltlich vortrug. Da war Systematik drin – das schätze ich sehr. Bei der schriftlichen Aufrechnung meiner Vorteile machte er einen sicheren Eindruck. Der Mann scheint sich in meiner Branche hervorragend auszukennen!

Übrigens: Der Verkäufer ist mir auch im Umgang sehr sympathisch. Einmal habe ich ihn mit einer absichtlich scharfen Frage in Verlegenheit bringen wollen – da hat er doch ganz höflich meine Überspitzung aufgenommen und sie mir als Frage zurückgereicht!

Ich wußte auf die Schnelle gar nicht, was ich antworten sollte! Jedenfalls habe ich dabei beobachtet, wie er seine Hände gebraucht, und auch seinen Gesichtsausdruck habe ich dabei studiert: Dieser Verkäufer ist rückhaltlos ehrlich.

Das Gespräch scheint ihm großen Gefallen zu bringen. Wieviele aufdringliche Verkäufer habe ich schon erlebt, die nichts anders im Kopf hatten, als von mir – koste es, was es wolle – unbedingt einen Auftrag zu bekommen. Was für eine positive Ausnahme!

Nachdem ich gerade erfahren habe, daß ich praktisch schon übermorgen beliefert werden kann, gibt es eigentlich nichts mehr, was mich von der Auftragsvergabe abhält. Das Produkt hat mich überzeugt, und der Verkäufer erst recht!

Vorhin hat er noch beruhigend und informativ zugleich mit mir gesprochen – jetzt sitzt er da und sieht mich schweigend an, schon eine ganze Weile.

Das Bestellformular nebst Kugelschreiber hat er mir bereits vor einiger Zeit auf den Tisch gelegt. Er erwartet meine Reaktion, ganz klar. Was hindert mich noch, abzuschließen?

Genau: Vielleicht kann ich noch ein paar Service-Vergünstigungen herausschlagen! Wenn die übrigen Mitarbeiter dieses Unternehmens nur halb so gut und zuverlässig sind wie dieser Verkäufer, dann bringt mir der Auftrag doppelten Gewinn ein!

Die Unterschrift im richtigen Moment!

Wird ein Satellit in eine Umlaufbahn um die Erde geschossen, kann dies nur zu bestimmten Zeiten erfolgen – abhängig von der Erdrotation. Die Experten nennen dies das „Startfenster". Nur für einen bestimmten Augenblick ist es geöffnet.

Ähnlich soll es sich mit der Bereitschaft des Kunden zum Abschluß verhalten.

Es ist ein bestimmter Moment, der über den positiven Ausgang der Verkaufsanstrengung entscheidet. Verstreicht er ungenutzt, war alle Mühe zunächst einmal vergebens!

Ob dieses Bild so stimmt – darüber streiten sich die Verkaufsexperten. Und das ist auch der Grund, warum der Entscheidungsprozeß so gründlich untersucht wurde und aus den Resultaten die verschiedensten Vorgehensweisen entwickelt wurden. Zum Beispiel Verkaufsplan AIDA, Dibaba.

Sehr bekannt sind die Stufen der AIDA-Technik: A wie Attention = Aufmerksamkeit, I wie Interest=Interesse, D wie Desire=Kaufwunsch,A wie Action=Abschluß.

Egal ob eine Verkaufsmethode in vier, acht oder mehr Stufen gegliedert ist: Die Aufteilung soll dem Verkäufer helfen, zielstrebig seinen Weg zum Abschluß zu verfolgen und unterwegs eine oder mehrere Stufen zurückzugehen, wenn er bemerkt, daß der Kunde „noch nicht soweit" gefolgt ist.

Andersherum wird der Verkäufer natürlich Stufen nach vorn überspringen, wenn er sieht, daß der Kunde bereits „weiter" ist.

Hier fehlt der Platz, um diese Verkaufstechniken, die – mit Ausnahme von AIDA – besonders im Investitionsgüterbereich ausgeprägt sind (dort sind die Techniken des Kunden zur Entscheidungsfindung besonders komplex), breiter zu diskutieren.

Woran der Power-Seller Kaufsignale erkennt und wie er durch Kontrollfragen seine Beobachtungen absichert, bevor er zum Abschluß schreitet, ist am Anfang dieses Kapitels beschrieben.

An dieser Stelle geht es weniger um die Hinführung zum richtigen psychologischen Moment (den es nach Ansicht anderer gar nicht gibt), sondern ganz konkret um die Frage: Wie bekommt der Power-Seller die begehrte Unterschrift des Kunden?

Ich verrate Ihnen gleich die beste Methode: Das Auftragsformular muß auf dem Tisch liegen, und zwar gleich zu Beginn des Gesprächs! Eigenartigerweise gibt es manche Verkäufer, die sich dies nicht trauen oder meinen, es würde den Kunden verwirren.

Diesen Verkäufern sei gesagt: Es ist ihr Beruf, zu verkaufen! Das weiß auch der Kunde! Der Verkäufer hat nichts zu verbergen! Und das Ergebnis eines Kundenbesuches ist der Abschluß. Warum also nicht gleich die Auftragsformulare auf den Tisch legen, damit sich der Kunde daran gewöhnen kann?

Während des Gesprächs besteht auf diese Weise überdies die gute Gelegenheit, schon Name, Adresse und andere den Kunden betreffende Angaben oder auch einige Zahlen einzutragen. Der Kunde schaut praktisch zu, wie sich sein Auftrag Stufe um Stufe entwickelt...

Es gibt Power-Seller, die es auf diesem Gebiet zu einer wahren Meisterschaft gebracht haben. Sie zelebrieren vor den Augen des Kunden das schrittweise Ausfüllen des Auftragsformulars wie einen feierlichen Akt.

Im geeigneten Moment des Gespräches legen sie dann, den Kunden schweigend ansehend, urplötzlich den Kugelschreiber auf das Formular, drehen es dem Gesprächspartner schreibgerecht vor die Augen – und schweigen und warten und schweigen und warten. Solange, bis der Kunde, von der Aktion überrascht und beeindruckt zugleich, endlich unterschreibt.

Mit dieser Aktion drückt der Power-Seller ohne Worte aus: „Kunde, laß uns keine weiteren Worte wechseln – ich hab' erkannt, daß du abschließen willst, nun tue es auch!“ Kurz, knapp, kraftvoll, feierlich! Ein magischer Moment im Verkauf!

Wie ein Power-Seller die Unterschrift des Kunden „erschweigt“

1. Das Auftragsformular gehört von Anfang an auf den Tisch! Der Power-Seller sagt oder signalisert durch Körpersprache: „Sie wissen, Herr Kunde, warum ich hier bin! Der Auftragsblock gehört zu meinem Werkzeug!“

2. Alle Einzelheiten des Auftrags trägt der Power-Seller sofort in das Formular ein! Das Formular bleibt immer im Blickfeld des Kunden!

3. Der Power-Seller schiebt das fertig ausgefüllte Formular dem Kunden samt Kugelschreiber lesegerecht hin. Manche Power-Seller halten es für noch eindrucksvoller, das Formular vorher mit ihrem eigenen Namen zu unterschreiben.

4. Der Kunde wird jetzt noch nicht zur Unterschrift aufgefordert! Statt dessen: Der Power-Seller sitzt, blickt und schweigt! Wer kann es länger ohne Worte aushalten: der Kunde oder der Power-Seller?

5. Der Blick des Kunden schweift auf das Formular und kehrt zum Gesicht des Power-Sellers zurück. Der

schweigt weiter, erwidert den Blick und nickt unmerklich bestätigend. Der Kunde unterschreibt!

Wie der Power-Seller Abschlußtechniken einsetzt

Wir haben erlebt, wie der Power-Seller vorgeht und wie er seinen Abschluß beinahe zwangsläufig aus dem Verlauf des Verkaufsgespräches erarbeitet. Diese Phase kann also kaum als losgelöster Punkt betrachtet werden, sondern ist ein Moment, der sich mit sanfter Nachhilfe des Power-Sellers sozusagen von selbst ergibt.

Viele Verkäufer machen sich nicht klar, daß der Abschluß bereits ganz am Anfang, bei ihrem ersten Auftritt, beginnt. Der Abschluß, wenn er zustandekommt, ist daher für einen guten Verkäufer nicht der große, einmalige Kraftakt am Ende des Verkaufsgesprächs, vor dessen Ausgang man Angst haben muß!

Vielmehr ist der Abschluß, wie es Erich-Norbert Detroy ausdrückt, die „Folge zielgerichteter Überzeugungstechnik". Der Kunde wird „**Stufe um Stufe zum Auftrag** hingeführt" und die letzte Stufe, die der Unterschrift, wird ebenso selbstverständlich genommen wie alle Zwischenschritte auch!

Allerdings: Erst der Gesprächsabschluß entscheidet über den Erfolg! Bis dahin hat der Verkäufer, betriebswirtschaftlich gesehen, lediglich Kaffee getrunken und ein nettes Gespräch geführt!

Und wenn sich der Abschluß bei einem systematisch aufgebauten Verkaufsgespräch, wie beschrieben, von selbst ergibt, bedeutet dies nicht, daß der Verkäufer in dieser letzten Phase passiv das erfolgreiche Ende erwartet. Im Gegenteil:

Gerade jetzt ist seine ganze Erfahrung, sein Durchsetzungsvermögen gefordert. Denn der „Beliebtheitswettbewerb“ ist vorbei – jetzt geht es „um die Wurst“, um Geld!

Wenn der Verkäufer sich jetzt nicht vom „höflichen Kaffetrinker“ in einen Mann der entschiedenen Tat verwandelt (der Kunde will um den Auftrag gefragt sein – wie sonst soll es zu einem Abschluß kommen?), dann waren alle Mühen vergebens!

In dieser letzten Phase des Verkaufsgesprächs hat der Power-Seller den Kunden durch Argumentation und Fragetechniken zum Punkt des Abschlusses hingesteuert.

Jetzt agiert er sehr konzentriert und zielstrebig, strafft seine Aussagen, wiederholt vielleicht einige Argumente, die dem Kunden erkennbar gut zugesagt haben, und begegnet auch den letzten Einwänden mit Ruhe und großer Selbstsicherheit.

Er ist dabei, dem Kunden zu helfen, die richtige Entscheidung zu treffen!

Der Kunde hat ihm im vorangegangenen Gespräch indirekt um Hilfe gebeten, hat ihn erkennen lassen, auf welchem Gebiet er vom Power-Seller Hilfe erwartet.

Mir fällt kein Bild ein, das Auftreten und innere Einstellung des Power-Sellers besser beschreiben könnte als dieses:

In diesem Moment ist der Power-Seller der Arzt, der gründlich diagnostiziert hat und nun dem Kunden die für ihn erforderliche Medizin verschreibt!

Was ereignet sich noch in dieser Situation? Der Arzt blickt seinen Patienten an und sagt mit Nachdruck: „Dieses Mittel wird Ihnen helfen! Sie nehmen es dreimal täglich!"

Sie alle haben sicherlich solche Situationen erlebt. Haben Sie in diesem Moment jemals an der Kompetenz Ihres Arztes gezweifelt?

Power-Seller sind kompetente Verkäufer!

Wie der Power-Seller direkt auf den Abschluß hinarbeitet

Fast jeder Abschluß ist auch mit negativen Aspekten für den Kunden verbunden – unter anderem geht es schließlich um sein Geld! Durch geeignete Abschlußtechnik, nicht durch einen Wortschwall oder Tricks, muß also der „Rest-Widerstand" des Kunden überwunden werden.

Viele Wege führen zum Erfolg. Für alle Methoden gilt: Ruhe und Sicherheit behalten, die Initiative bewahren, positive, zielstrebige Haltung und keine Angst vor der Entscheidung des Kunden aufkommen lassen!

Mitunter ist eine direkte oder indirekte Aufforderung der letzte Schritt zum Abschluß. Beispiel: *„Wenn Sie sich heute entscheiden, kommen Sie noch in den Genuß der alten Preise..."*

Auch die **Alternativ-Technik** hat ihre Reize (siehe auch den Abschnitt: Mit welchen Fragen Sie als Power-Seller den Abschluß herbeiführen). Der Kunde muß zwischen zwei Angeboten wählen. Ist der Abschluß-Zeitpunkt zu früh gewählt, läßt sich das Gespräch trotzdem ohne Probleme weiterführen.

Mitunter wird der Power-Seller die **Schneeball- oder Salami-Methode** einsetzen: Eine Folge kleiner Entscheidungen, die sich aus Fragen im Ja-Rhythmus ergeben und sich schließlich zum Gesamtauftrag addieren. Beispiel: *„Gestern stellten wir bereits fest...Heute müßten wir nur noch...“*
Oder: *„In diesen drei Punkten haben wir ja bereits Übereinstimmung erzielt, jetzt geht es also nur noch um die Klärung von...“*

Ebenfalls gut geeignet ist die **Plus-Minus-Methode:** Der Power-Seller faßt noch einmal in gestraffter Form die Vorteile für den Kunden zusammen, arbeitet die Vorteile durch Äbwägen von Plus und Minus heraus.

Mit dieser Methode lassen sich auch elegant und überzeugend die Nachteile oder Verluste für den Kunden im Falle des Nicht-Abschlusses schildern, ohne daß auf ihn offensichtlicher Druck ausgeübt wird.

Der Kunde hat in der letzten Phase lediglich noch Einwände, weil er an der Berechtigung seines Kaufwunsches zweifelt.

Der Power-Seller wird seine Kraft der Begeisterung einsetzen. Seine positive, entschiedene Haltung hebt den Kunden dann über diese letzte kleine Hürde.

Kapitel 8

Was der Power-Seller seinen jungen Kollegen erzählt

Kein Meister, auch der Power-Seller nicht, ist je vom Himmel gefallen, und wer nach oben will, muß auch um die scheinbar selbstverständlichen Regeln und Weisheiten des Handwerks wissen. Aus dem Erfahrungsfundus eines Power-Sellers stammen diese Ratschläge an alle, die ihm nacheifern wollen.

Was ist Dein bestes Kapital? Dein Name! Also merke Dir die Namen Deiner Gesprächspartner! Sprich ihre Namen stets deutlich aus, rede sie stets mit ihrem Namen an! Jeder Mensch ist der Mittelpunkt seiner Welt – einer Welt, in der sein Name sein kostbarster Besitz ist.

Durch das korrekte Aussprechen des Namens erreichst Du jeden Menschen in seinem innersten Kern! Hast Du bei der Vorstellung den Namen des Kunden nicht vollständig erfaßt, frage sofort höflich nach!

Welches sind Deine besten Visitenkarten? Deine Stimme, Deine Umgangsformen und Dein Aussehen! Die Kunst, Menschen zu überzeugen, hängt davon ab, wie Du auf andere wirkst. Verkäufer mit guten Umgangsformen strahlen Sympathie und Vertrauen aus. Besorg Dir einen Knigge für Manager!

Es ist immer eine Freude, einen gut angezogenen Menschen zu treffen. Überprüfe Dein Erscheinungsbild im Spiegel, bevor Du das Haus verläßt! Korrektes Aussehen kannst Du leicht beeinflussen, Deine Stimme mußt Du unter Umständen trainieren! Willst Du Dich verändern, verändere Deine Stimme!

Bevor Du zum Kunden gehst, beantworte diese Fragen:

Wer ist Dein Gesprächspartner?
In welchem Geschäftssektor ist er tätig?
Wie ist die wirtschaftliche Situation des Kunden?
Gab es schon einmal Kontakte?
Gibt es Wettbewerber, die mit Dir um die Gunst des Kunden konkurrieren?

Was willst Du dem Kunden verkaufen? Vergiß vorher nicht die wichtige Analyse!
Was und wieviel braucht der Kunde voraussichtlich?
Über welche Zusatz- oder Alternativangebote verfügst Du?

Womit wirst Du das Gespräch eröffnen, womit die voraussichtlichen Einwände beantworten?
Was kannst Du mitnehmen, damit der Kunde etwas anfassen kann (Produkt, Prospekt, Gutachten etc.)?

Unabhängig von Erfolg oder Mißerfolg wirst Du Dir nach dem Gespräch folgende Fragen beantworten: Was war gut am Verkaufsgespräch, welche Fehler habe ich gemacht?

Und dann setzt Du Dich hin und überlegst, wie Du das Gute beim nächstenmal noch verbessern und die Fehler vermeiden kannst. Wenn Du zu der Erkenntnis kommst, daß Erfolg nicht auf Zufall beruht, sondern auf planmäßiger Arbeit und Analyse Deines Tuns, dann kann aus Dir noch mal etwas werden…

Bevor Du zum Kunden gehst, überprüfe, ob Du wirklich die drei wichtigsten Vorteile Deines Produktes kennst.

Schreibe die drei Vorteile auf und überlege, wie Du diese Vorzüge am wirksamsten präsentieren kannst. Diese Fragen gilt es zu beantworten:

Welches ist die stärkste Aussage, die Du über den Produktvorteil treffen kannst?

Wie läßt sich der Vorteil am eindrucksvollsten visualisieren (bildhaft darstellen)?

Wie läßt sich der Vorteil am überzeugendsten demonstrieren?

Welches Fallbeispiel läßt sich finden, das das Interesse des Kunden wecken wird?
Welche Frage ist am besten geeignet, den Kunden zum Nachdenken über alle Produktvorteile zu zwingen?

Wenn Du beim Kunden bist und auf seine Fragen antwortest – fasse Dich kurz. Kurze Antworten sind eindrucksvoller als lange. Häufig will der Kunde gar keine lange Antwort. Er will nur überhaupt eine Antwort. Kommt diese schnell und ist sie kurz, erkennt der Kunde, daß sein Einwand keine große Bedeutung hat. Zwei, drei Sätze reichen durchaus als Antwort aus.

Wenn Du zum Kunden gehst, mach Dir nichts vor. Jeder Kunde hat mindestens vier einleuchtende Gründe, Dich erfolglos zu verabschieden. Nur einen Grund, den vierten, mußt Du sehr ernst nehmen.

Der erste Grund lautet: Ich glaube nicht, daß ich gerade das brauche, was mir angeboten wird. *„Ich brauche nichts"*.

Wenn das wahr wäre, gäbe es keine Verkäufer mehr, aber auch keine Volkswirtschaft. Stell Dir vor: Selbst der Kunde, der von Dir nichts kaufen will, weil er angeblich nichts braucht, hat anderswo bereits etwas gekauft.

Er trägt einen Anzug, er fährt ein Auto, eine modische Brille sitzt auf seiner Nase usw. Andere Verkäufer haben ihn irgendwann überzeugt – warum Du nicht auch?

Der zweite Grund, den Dir die Kunden nennen: Ich kaufe nicht, weil ich gerade kein Geld habe. *„Ich kann mir das nicht leisten."*

Hier bist Du in der Bredouille: Nirgends wird soviel gelogen wie beim Geld. Die Kunden, die Geld haben, geben vor, sie hätten gerade keins.

Die, die kein Geld haben, wollen es nicht zugeben und benutzen schamhaft einen anderen Vorwand. Du mußt lernen, genau hinzuhören und hinzusehen, um die Wahrheit zu erkennen.

Erkennst Du, daß der Kunde doch Geld hat, mußt Du den Wert, die Qualität des Produktes ins Unermeßliche steigern. Der Kunde muß erkennen, daß das Produkt wertvoller ist als das Geld, auf dem er sitzt.

Der dritte Grund, den Dir die Kunden nennen, lautet: Es ist gerade der falsche Zeitpunkt. Später einmal, wenn die Lage besser ist, darf der Verkäufer selbstverständlich gern wiederkommen, versprechen sie.

Stelle fest, ob der Kunde verheiratet ist, und sage ihm im Ton einer Tatsachenfeststellung: Lieber Kunde, wann ist schon der richtige Zeitpunkt? Als Sie, Herr Kunde, damals geheiratet haben, war das auch nicht der richtige Zeitpunkt. Hätten Sie nur zehn oder zwanzig Jahre gewartet, eine Familie zu gründen, wäre doch finanziell alles viel leichter gewesen… Aber was hätten Sie in dieser Zeit nicht alles versäumt…

Der vierte Grund, weshalb der Kunde nicht kaufen will, ist schwerwiegend: Er hat kein Vertrauen. Wenn er Dir nicht glaubt, wird er nicht kaufen. Dieser Grund ist schwer zu identifizieren. Denn kein Kunde wird Dir ins Gesicht sagen, daß er Dich für einen Schwindler hält.

Und Du wirst nur widerstrebend bereit sein, diesen Grund überhaupt erkennen zu wollen – darin liegt die Schwierigkeit. Deshalb frage Dich nach jedem erfolgreichen Kundenbesuch: Habe ich meinen Kunden mit Vertrauen überzeugt, oder war es mehr das Produkt?

Erfolge, gleich aus welchem Grund, sind schön. Aber wenn es hart auf hart kommt, gibt das Vertrauen, das der Verkäufer aufbauen kann, den Ausschlag. Und in den meisten Branchen ist der Wettbewerb bereits sehr hart.

Denke daran: Der Kunde will in jeder Verkaufssituation den größten Vorteil für sein Geld, er will das bestmögliche Geschäft machen und dieses Ziel notfalls mit kleinen schlauen Tricks verfolgen. Manche Kunden legen sich einen Schlachtplan zurecht, so wie der Verkäufer auch sein Vorgehen plant.

Niemals darfst Du das dem Kunden übelnehmen! Begreife es vielmehr als Herausforderung an Dich!

Die meisten Kunden wollen kein Geld für ein Produkt ausgeben, sondern in ein Produkt investieren, weil es Gewinne verspricht! Sage also nie: *„Wieviel Geld wollen Sie ausgeben?“*, sondern: *„Diese Investition rechnet sich schon nach kurzer Zeit!“*

Überlege Dir Deine Argumente. Wenn Du dem Kunden erzählst, die Produkte Deines Unternehmens würden laufend verbessert, wird er denken, daß sie wohl nicht viel taugen, wenn laufend verbessert werden muß...

Ein starkes Argument ist besser als drei schwache. Manche Verkäufer häufen Argument auf Argument – je mehr, desto besser, denken Sie.

Notwendigerweise werden bei einer solchen Anhäufung die Argumente schwächer und schwächer, bis sie die starken Argumente vollends zerstören. Mehr Klasse statt Masse, heißt die Devise. Erstaunlich viele Verkäufer halten sich nicht daran und machen sich so selbst ihr Geschäft kaputt.

Noch etwas: Wenn Du in Deinem Produktangebot teure und preiswerte Produkte hast, mußt Du die besten und teuersten zuerst anbieten.

Sieht der Kunde zuerst mittlere oder untere Qualität, baut sich eine Barriere auf, wenn ihm Besseres gezeigt wird: Er muß dann einen höheren Preis akzeptieren und sich von seinem ursprünglichen Kaufentscheid wieder trennen.

Das ist ungeschickt. Bietest Du dem Kunden gleich das beste (und teuerste) Produkt an, ist nur eine Hürde zu überspringen: Die des höheren Preises. Außerdem hat der Kunde dann die beste Qualität kennengelernt. Alle anderen Qualitäten werden ihm dann weniger reizvoll erscheinen.

Dieser Grundsatz gilt auch in der Produktwerbung: Eine Treppe muß man immer von oben kehren!

Erfolgreich verkaufen bringt Spaß – wer wollte das bezweifeln! Aber es gelingt nur, wenn Du ab und zu in die Niederungen des Alltags zurückfindest, die da heißen: Planung und Organisation.

Als Verkäufer mußt Du drei Dinge in den Griff bekommen: **Interessenten finden, präsentieren und verhandeln, abschließen.**

Bewährt hat sich die Prioritätenreihenfolge: Abschließen, Interessenten suchen, Präsentieren. Mit anderen Worten bedeutet dies: Nach dem Abschluß nicht auf die faule Haut legen, sondern gleich neue Kunden suchen! Die resultierende Präsentation und der erneute Abschluß ergeben sich dann von selbst.

Drei erfolgreiche Abschlüsse an einem Tag – und mancher Verkäufer nimmt`s zum Anlaß, zwei Wochen lang nicht mehr zu arbeiten und sich in seinem Selbstwertgefühl zu baden. Unverständlich, weil der erneute Einstieg doppelt lange dauert und doppelt schwer ist.

Ehemalige Kunden sind besser als gar keine Kunden und manchmal auch besser als neue Kunden! Ab und an (besser: in jeder Woche mit einem festgelegten Zeitaufwand) solltest Du

Deine Kundenkartei durchforsten, die abgesprungenen Kunden heraussuchen und einen neuen Anfang versuchen.

Gab es Ärger, ist der womöglich schon vergessen. Der Kunde hat gesehen, daß die Zusammenarbeit eigentlich auch ganz vorteilhaft für ihn war. Nicht ganz unwahrscheinlich ist ferner, daß er mit anderen zwischenzeitlich unangenehme Erfahrungen gemacht, Enttäuschungen erlebt hat.

Jedenfalls: Die Chancen, daß der Kunde bereit ist, zu Dir zurückzukehren, stehen gar nicht so schlecht!

Kleine Geschenke erhalten die Freundschaft. Was ist ein kleines Geschenk? Ein schwieriges Kapitel, aber denke daran: Es kann auch ein immaterielles Geschenk sein. Zum Beispiel: Schreibe dem Kunden einen Brief oder eine Grußkarte!

Anlässe gibt`s genug. Zum Beispiel: *„Glückwunsch zu den neuen Geschäftsräumen!“* Und der Zusatz: *„Ich wünsche viel Erfolg“*.

Notiere Dir jedes Detail (geschäftlich oder privat), das Dir der Kunde im Gespräch erzählt! Nach Wochen oder Monaten kannst Du beim erneuten Besuch daran anknüpfen: *„Wie hat sich die Angelegenheit mit Ihrem pneumatischen Zahnpastatubenausdrücker (mit Ihrer Tochter) eigentlich entwickelt? Sind die Dinge vorangekommen?“*

Je länger das ursprüngliche Gespräch zurückliegt, umso überraschter wird der Kunde sein: *„Unglaublich, woran der Verkäufer sich noch erinnert – die Sache habe ich doch schon lange vergessen“*. Der Kunde wird überzeugt sein, daß Du ein echtes Interesse an ihm hast!

Sei stolz auf Deinen Beruf! Ohne Verkäufer würde sich in diesem Land (und auch anderswo) nichts mehr bewegen. Verkäufer ist ein ehrenwerter Beruf, eine Profession! Wenn Du auf Deinen Beruf stolz bist, wächst automatisch Dein Selbstwertgefühl und Du wirst noch erfolgreicher!

Kein Kunde, gleichgültig, wieviel Geld er hat oder nicht, ist arm. Jeder Kunde, mit dem Du sprichst, ist auf irgendeine Weise reich – manchmal weiß er es selber nicht. Mache es Dir zur Aufgabe, diesen Reichtum zu entdecken und den Kunden darin zu bestärken!

Streite niemals mit einem Kunden – auch wenn Du glaubst, im Recht zu sein. Ein Streit wird nicht dazu beitragen, daß Du etwas verkaufst. Gehe statt dessen taktvoll an die Sache heran und bringe den Kunden dazu, sich selbst zu korrigieren.

Laut einer jüngsten Untersuchung des Sales & Marketing-Clubs in New York kaufen 71 Prozent der Leute etwas vom Verkäufer, weil sie ihn mögen, ihn respektieren, ihm vertrauen. Du kannst davon ausgehen, daß ähnliche Zahlen auch bei uns gelten. Was tust Du, damit Deine Kunden Dich mögen, Dich respektieren, Dir vertrauen? Wenn Du speziell für Dich darauf gute Antworten findest, wirst Du nie über mangelnde Aufträge zu klagen haben!

Wappne Dich rechtzeitig gegen arrogante Kunden. Im Verkaufsgespräch hilft manchmal nur, mit gleicher Münze heimzuzahlen – allerdings mit Fingerspitzengefühl. Wenn Dir ein Kunde provozierend zuruft: *„Dieser Preis ist ja lächerlich!“*, dann wiederhole einfach, was er gesagt hat, moduliere aber Deine Stimme so, daß der Satz nun wie eine Frage klingt. Nun muß der Kunde etwas präziser werden, und das Gespräch geht weiter.

Baue Deinem Kunden einen Traum auf, einen Traum, der zu seinem eigenen persönlichen Ziel paßt. Wenn Du eine solche Vision vermittelt hast, kannst Du zum Abschluß übergehen und

Gefühle einsetzen, mit denen Du das Wohlergehen des Kunden und seiner Familie ansprichst.

Kunden wollen betreut werden. Du bist in einem Dienstleistungsberuf tätig. Also besuche Deine Kunden regelmäßig! Wenn Du Deine Kundenkartei ordentlich führst, wirst Du wissen, wer von Deinen Kunden wieder dran ist!

Es ist eine Sünde, einem Kunden zu wenig zu verkaufen, wenn er auch mehr genommen hätte. Jungen Menschen fehlt oft das Selbstvertrauen, den Kunden und die eigenen Fähigkeiten richtig einzuschätzen. Mutig sein!

Halte Dich fern von Verkäufern, die lahm und muffig in der Gruppe herumstehen und nur kritisieren! Sie werden Dir nur Negatives vermitteln. Sie suchen doch ihre Fehler nicht bei sich selbst, sondern am Produkt, am Unternehmen, am Chef.

Suche die Bekanntschaft von erfolgreichen, begeisterten Verkäufern. Sie können Dir etwas beibringen, Dich mit Enthusiasmus erfüllen.

Es ist gut, eine Rednerschule oder Rhetorik-Kurse zu besuchen. Abgesehen davon, daß Du dort überzeugend sprechen lernst, wirst Du eine andere Erfahrung machen: Dein Selbstvertrauen wächst immens. Sprache und Selbstbewußtsein hängen eng zusammen!

Jeder Mensch kann mehr, als er denkt. Du bist stärker, als Du glaubst!

Kommst Du von einem Kunden zurück, solltest Du schonungslose Selbstkritik üben! Was hast Du gut gemacht, was war Zufall, was kannst Du noch verbessern? Schreibe Deine Erkenntnisse auf. Aus Fehlern kann man lernen. Und es ist besser, Du entdeckst Deine Fehler selber, bevor Deine Umgebung Dich darauf aufmerksam macht.

Produktwissen macht Verkäufer sicher. Nichts ist schlimmer, als wenn der Kunde ein Detail in den Unterlagen entdeckt und plötzlich mehr weiß als Du.

Mit Produktkunde allein läßt sich schwer verkaufen. Beraten ist besser. Beraten bedeutet: dem Kunden helfen, eine Entscheidung zu treffen.Durch gute Beratung gewinnst Du bleibende Kunden. Bestehende Kunden sind besser als ein neuer Kunde, den Du noch gar nicht kennst.

In der Versicherungsbranche werden die meisten neuen Verträge von bereits bestehenden Kunden abgeschlossen. Der Verkäufer, der seine Kunden regelmäßig besucht, kommt zu neuen Vertragsabschlüssen. Kontaktpflege ist die Vorstufe zu neuem Verkauf. Kunden, die Dich häufiger sehen, empfehlen Dich weiter...

Mache nicht den Fehler vieler anderer Verkäufer, die ihre Chancen nicht sehen. Ihnen fehlt der Blick für Gelegenheiten und Chancen. Die Welt ist voller Geschäftsmöglichkeiten. Du mußt sie nur suchen!

Viele Verkäufer nutzen die Macht der Suggestion nur unzureichend. Die Kunden sind unschlüssig und erwarten vom Verkäufer eine Entscheidungshilfe. Suggestivfragen, zum richtigen Zeitpunkt gestellt, verkürzen den Weg zum Abschluß!

Im Leben jedes Verkäufers gibt es Tage, an denen er mit sich und der Welt nicht zufrieden ist. Es ist wichtig, dann zu analysieren, weshalb Du unzufrieden bist. Nur wer das tut, kann Konsequenzen ziehen. Unzufriedenheit ist für den Verkäufer oft eine Chance, ein Wegweiser zur Kurskorrektur.

Übe täglich das Zuhören! Schreibe notfalls ganz groß auf Papier: Ich lasse den Kunden ausreden! Wenn Du sprichst, dann nur mit Zielsetzung und Gesprächstaktik!

Ein Pessimist blickt beim Gehen nach unten, der Optimist geradeaus und nach oben! Überprüfe das einmal an Dir selbst. Achte dabei auf Deine Körperhaltung. Ruht die Last der Welt auf Deinen Schultern? Ist das der Grund, warum Du gebeugt durchs Leben schreitest? Dann schüttle die Last ab!

Befolge den Grundsatz, andere so zu behandeln, wie Du behandelt werden möchtest! Es zahlt sich schnell aus!

Nachwort

Hat Ihnen dieses Buch Mut gemacht, Ihre Tätigkeit als Verkäufer als einen auserwählten Beruf zu begreifen, der ungeahnte Chancen des Erfolges für Sie eröffnen kann? Denn nichts geht ohne den Verkauf in der Wirtschaft! Ich sage Ihnen: Sie müssen nur wollen!

Hat es Ihnen einen Anstoß gegeben, aufzuwachen und die Karriereleiter nunmehr zügig Stufe um Stufe nach oben zu steigen? Ich meine: Sie können es – wenn Sie nur wollen und gleich beginnen, den ersten Schritt zu tun!

Hat Sie das Buch überzeugt, daß Sie es schaffen können, ein von Anerkennung und finanziellem Wohlstand geprägtes Leben zu führen und gleichzeitig eine von anderen Menschen bewunderte Persönlichkeit zu werden? Ich bin überzeugt: Sie können es, wenn Sie nur wollen und an sich arbeiten! Das ist wichtig!

Wenn Sie nur eine dieser drei Fragen mit Ja beantworten, freut es mich!

Denn mein erklärtes Ziel war es, ein Buch zu schreiben, das den Verkäufer, ganz gleich, wo er steht und welches Produkt er verkauft, begeistert, anspornt und motiviert, seine Fähigkeiten zu entwickeln und zur Perfektion zu bringen – zum Power-Seller.

Jeder von uns kann ein Power-Seller werden!